LE SEXE
ET L'AMOUR

Philippe BRENOT

LE SEXE
ET L'AMOUR

Odile
Jacob

Du même auteur
chez Odile Jacob

Relaxation et Sexualité (avec S. Képès), 1998.
Inventer le couple, 2001.

15, RUE SOUFFLOT, 75005 PARIS

ISBN : 2-7381-1233-1

www.odilejacob.fr

L'avance que prennent les femmes
changera le vécu de l'amour
aujourd'hui plein d'erreurs [...]
en fera une relation qui unisse
un être humain à un autre être humain,
et non plus un homme à une femme.

Rainer Maria RILKE
Œuvres, Le Seuil, 1976.

PRÉLUDE

L'amour est une belle idée, la plus naturelle qui soit. C'est un petit lutin qui naît à vingt ans, pousse les amoureux l'un vers l'autre, entretient la passion, fait courir le guilledou, ouvre les cœurs, fabrique des Juliette et des Valentin. C'est la raison du bonheur. Tout le monde le sait.

Nul désir de ma part de ternir ce touchant tableau que je souhaite à chacun de connaître. C'est au contraire pour approcher plus sûrement ce bonheur qu'il me paraît utile aujourd'hui de lever des mythes et des idées fausses qui engendrent trop souvent de la souffrance ou des malentendus. Si l'amour allait de soi, ça se saurait ! Et tout le monde serait heureux ! Or, une fois le moment d'exaltation passé, nous sommes tous confrontés à la réalité de l'amour au quotidien, avec ses beautés et ses paradoxes, la dissociation fréquente des sentiments et de l'amour physique, le plaisir mais aussi la douleur ou l'incompréhension. Comment la plus belle idée du monde rencontre-t-elle autant d'embûches sur sa route ? Peut-être parce qu'elle n'est pas si naturelle que ça...

Le sexe et l'amour sont des territoires étranges qui nous fascinent et nous attirent, mais dont nous ne connaissons que très imparfaitement les ressorts. Grand paradoxe de notre temps : on ne parle que de ça, et pourtant persistent inconnues, tabous et fausses croyances qui ajoutent à l'incompréhension entre hommes et femmes, et sont à la source de nombreux malentendus.

Ces idées fausses tiennent tout d'abord à la nature même de l'amour. Toutes les sociétés ont tenté de codifier les relations intimes, car l'amour sans règle est antisocial. Elles ont ainsi élevé des interdits pour nous distinguer de l'animal et ordonné les sentiments par l'institution du mariage. C'est ce partage du sexe et des sentiments qui définit l'intime des humains et que l'on appelle l'amour.

L'évolution récente des sociétés occidentales brouille les cartes de cet édifice si bien organisé par la tradition. Il nous faut retrouver des repères. Si certains tabous semblent aujourd'hui dépassés – on peut penser à l'obligation de passivité pour la femme ou à la condamnation de la masturbation –, d'autres, comme l'interdit de l'inceste ou de la pédophilie, doivent être renforcés. L'amour libre n'est possible que dans le respect d'une règle fondamentale : qu'il n'y ait aucune contrainte pour le partenaire.

Autre conséquence de ces tabous sexuels, le sexe est très peu connu, à la mesure de l'interdit qui a longtemps marqué sa connaissance et qui persiste encore aujourd'hui. Ceux que j'ai appelés les « médecins de l'amour » ont été persécutés à toutes les époques[1] : le poète Ovide, contraint à l'exil pour avoir publié *L'Art d'aimer* qui, l'accusait-on, incitait les matrones romaines à la débauche ; Léonard de Vinci, le premier à découvrir le mécanisme vasculaire de l'érection, mais qui est obligé de se taire et de cacher sa pensée ; Havelock Ellis, premier anthropologue de la sexualité, qui publiera son œuvre aux États-Unis, car elle n'aurait pas été autorisée en Angleterre ; Freud, révolutionnaire qui fut accusé de « pansexualisme », c'est-à-dire de « voir du sexe partout » ; Alfred Kinsey, auteur du premier rapport sur la sexualité humaine, qui vit ses recherches freinées par ses collègues et interdites par l'ordre des médecins ; William Masters enfin, qui réalisa la première étude du coït humain, mais fut contraint de cacher l'objet de son travail à la direction de son hôpital. Le sexe est subversif, sa connaissance a longtemps passé pour dangereuse ; c'est pourquoi elle n'est que partielle et encore entachée de nombreuses fausses croyances.

Dans le monde, seules quelques rares équipes de recherche travaillent sur la sexualité humaine et aucune véritablement en France. Il reste peu prestigieux de se spécialiser en la matière. Quant aux crédits de recherche, ils sont à la mesure des enjeux financiers encore faibles en ce domaine. Cependant, cette recherche peut subitement connaître une accélération lorsqu'on découvre un intérêt commercial susceptible d'engendrer un profit pharmaceutique. C'est ainsi, à la suite de la découverte, en 1982, de l'effet sur l'érection de certaines substances comme la papavérine, que des progrès ont été accomplis et que le mécanisme de l'érection masculine a été découvert[2]. Nous ne comprenons donc le phénomène de l'érection que depuis quelques années. Dans le même ordre d'idées, nous ne connaissons à peu près rien de la physiologie sexuelle de la femme et même très imparfaitement son anatomie. Ce décalage entre méconnaissance et besoin de savoir favorise les malentendus et entretient une part du malaise social.

Les médecins eux-mêmes ne reçoivent aucun enseignement en matière de sexualité au cours de leurs études. Et pourtant, ce sont eux qui doivent répondre aux interrogations, à la détresse, aux angoisses d'hommes et de femmes blessés dans ce qu'il y a de plus intime en eux, à une époque où réussir sa vie implique de réussir sa vie sexuelle et affective.

Le rôle des « médecins de l'amour » est en premier lieu de libérer les hommes et les femmes de leurs fausses croyances pour permettre que s'épanouissent leurs désirs les plus intimes dans le respect des valeurs personnelles. Il est aussi de lutter contre la névrose qui empêche de grandir lorsqu'on accepte trop facilement les idées fausses. La religion, les croyances populaires, mais aussi la médecine, la psychologie et encore la psychanalyse ont construit des mythes servant à répondre aux questions irrésolues. Et ces mythes sont plus puissants que toute connaissance, ils survivent aux démentis et aux explications car ils nous marquent dès l'enfance. Comment donc les abandonner sans renier une part de nous-mêmes ni blesser notre être le plus profond ?

Toutes les vérités sont cependant bonnes à dire, dans le respect des valeurs de chacun. La psychanalyse occupe ici une place toute particulière, car elle a été novatrice en matière de sexualité et son impact a été si fort que les consciences en ont été frappées. Au début du XXe siècle, Freud a permis à l'Occident de comprendre l'importance du sexuel dans la construction infantile et dans la relation des hommes et des femmes entre eux. Il en est resté de grandes idées qui, comme dans tous les domaines, ne sont plus toutes justes aujourd'hui. C'est pourquoi la psychanalyse sera souvent mentionnée dans cet ouvrage, pour certaines idées fausses qui lui sont attribuées, mais aussi parce qu'elle reste la grande théoricienne du domaine de l'inconscient.

En 1972, l'Organisation mondiale de la santé a accompli un geste symbolique fort en intégrant aux objectifs de santé publique la « santé sexuelle » : il s'agit selon l'OMS de délivrer les individus de la peur, de la honte et des fausses croyances pour qu'ils puissent vivre librement leur sexualité[3]. Cette belle idée a été jusqu'à présent peu mise en pratique ; elle se doit d'être développée. C'est précisément l'un des projets de ce livre : nous délivrer des derniers tabous, lever des interdits, libérer les consciences, déculpabiliser les gestes les plus simples de la vie intime. Pour que cette lecture fasse du bien à chacun et lui permette d'aller plus loin en lui-même et avec la personne de son choix.

1

MYTHOLOGIES

Les mythes sexuels relèvent de croyances religieuses ou historiques qui, pour la plupart, sont très anciennes, tandis que d'autres sont étonnamment récentes. C'est le cas, par exemple, de la condamnation de la masturbation, dont tout le monde pense que l'interdit remonte à la Bible, alors qu'il ne date que du XVIIIe siècle. J'ai regroupé dans ce chapitre certains grands tabous religieux (l'homosexualité, la masturbation), des idées générales ou populaires (*l'amour, c'est sale*) et de nombreux mythes plus récents (*le sexe est une mode*).

Le sexe, c'est naturel

Premier grand mythe qui résout tous les problèmes avant de les poser : « Le sexe, c'est naturel ! » Cette affirmation coupe court à toute discussion. Pas besoin d'information ni d'éducation sexuelle, pas besoin de conseils ni d'aide extérieure lorsqu'on est en difficulté, puisque la nature se charge de tout.

Or le sexe est autant culturel que naturel, il a tout autant besoin de l'équipement biologique, de sa mécanique que de l'apprentissage, individuel et social pour s'exprimer harmonieusement. Et si l'un manque, le sexe défaille.

Il est surprenant de penser que, même chez les animaux, le sexe est appris par la culture. Si l'on sépare à la naissance un jeune singe de ses congénères et qu'on le replace dans le groupe à l'âge de la puberté, il est incapable de s'accoupler selon les règles de son espèce. Il tente de le faire maladroitement sur une cuisse, sur le ventre, mais en général, il n'y parvient que difficilement. Ce n'est pas qu'il manque d'expérience sexuelle. Les autres non plus n'en ont pas encore ; simplement, il n'a pas connu les jeux avec ses congénères, mâles et femelles, qui structurent un « schéma corporel de l'autre » permettant par la suite l'accouplement intime[1].

L'importance de la représentation du sexe pour pouvoir vivre sa sexualité a bien été montrée il y a une vingtaine d'années au zoo de Munich lorsqu'on a voulu faire se reproduire un couple de chimpanzés isolés à la naissance et artificiellement réunis par la volonté d'animaliers qui désiraient « faire un enfant » !

Elle s'appelait Charlotte, il s'appelait Tarzan, tous deux étaient des chimpanzés communs, *Pan troglodytes* pour les savants, tous deux étaient nés en captivité. Les premiers temps de cohabitation furent distants. Ils se flairaient, s'évitaient soigneusement. Charlotte se montra quand même un jour très entreprenante en tentant d'épouiller Tarzan, mais aucune tentative de coït, pas le moindre signe de familiarité, rien du côté du sexe. Et ce n'était pas faute d'encouragement, puisque leurs « gardiens » respectifs les poussaient régulièrement l'un vers l'autre.

La solution vint d'un éthologue appelé en renfort qui confirma que le sexe était appris et qu'il leur fallait un modèle. Comme les chimpanzés sont parmi les rares espèces de mammifères à percevoir l'image virtuelle, on leur passa des films érotiques montrant une troupe de chimpanzés faisant l'amour en milieu naturel. Et quelques jours plus tard, en bons élèves qu'ils étaient, Charlotte et Tarzan s'accouplèrent sous le regard attendri de quelques humains incrédules. L'amour au zoo frôle le voyeurisme !

L'histoire d'Anne et de Louis est curieusement semblable. Il s'agit pourtant d'un couple d'humains promis au mariage depuis leur enfance. Tout petit déjà, Louis avait paru très libre, il montrait à tous son pénis, qu'il appelait sa « guillery », ou se le faisait embrasser et se fâchait si on voulait l'en empêcher. Il fut ensuite profondément marqué par la mort de son père et la forte présence d'un entourage féminin dans son enfance. Nous connaissons tous ces détails grâce à l'extraordinaire journal de Jean Hérouard, son médecin personnel, qui nota au jour le jour les moindres faits et gestes du dauphin[2]. Car il s'agit du futur Louis XIII, grivois, impertinent et très préoccupé par le sexe ! Le paradoxe est que, roi avant l'heure par l'assassinat de son père, Louis vécut pendant plusieurs années un véritable « échec conjugal » qui mit en émoi les cours de France et d'Espagne : lui qui avait épousé Anne d'Autriche à l'âge de quatorze ans, en 1615, ne consomma réellement son mariage que quatre ans plus tard, en 1619 !

On peut reconstruire ainsi son histoire : séparé de ses congénères par le protocole et l'étiquette, le roi passait surtout ses journées avec sa mère, parfois avec Anne, sa femme la reine, mais avec beaucoup de réticence, de timidité, voire de méfiance. À la question enfantine : « Qui sont nos ennemis ? », son confesseur, le père Coton, avait répondu : « Le monde, Satan et la chair. » Il est des mots qui tuent plus sûrement nos pulsions que les armes les plus contondantes. On tenta bien de « délurer » le roi. Deux gentilshommes lui racontèrent « quelques contes gras », des histoires gauloises et gaillardes, pour l'instruire ! Rien n'y fit, le modèle n'était pas suffisant. On eut alors l'idée très juste de lui montrer l'amour « en vrai » et on l'installa en voyeur de sa sœur le jour de ses noces. Hérouard le raconte : « Le soir, les époux étant dans leur chambre nuptiale, le jeune roi, soit par un sentiment de curiosité, soit pour faire l'intéressant, prétendit assister à leurs amours[3]. » Cinq jours plus tard, il consommait son mariage !

Alors, pour qui voter ? Charlotte et Tarzan, Anne et Louis ? Aucun d'eux n'avait appris le sexe et leur « naïveté » s'opposait à l'épanouissement intime. Un modèle leur était nécessaire, ce que la morale humaine refuse parfois.

L'enfant n'a pas de sexualité

À peine sorti du ventre de sa mère, cet être pur et candide que l'on appelle un enfant est encore un ange. Or on sait bien que les anges n'ont pas de sexe. Il est immature, inapte au coït, inapte à la reproduction, et pourtant il a déjà une sexualité !

En 1905, les réactions furent très hostiles à la publication par Freud de ses *Trois Essais sur la théorie de la sexualité*. Il y affirmait, entre autres révélations, que l'enfant avait une vie sexuelle : « Il est généralement admis que la pulsion sexuelle fait défaut à l'enfance et ne s'éveille que dans la période de la puberté. C'est là une erreur lourde de conséquences, puisque nous lui devons l'ignorance où nous sommes des conditions fondamentales de la vie sexuelle[4]. » Sigmund Freud affirmait avec raison que l'enfant, comme l'adulte, a des pulsions sexuelles dès la première année de la vie. La forte résistance à cette idée vient certainement du fait que les adultes ne se souviennent guère des jeux sexuels de leur petite enfance.

Cinquante ans plus tard, dans ses deux rapports sur la sexualité[5], Alfred Kinsey précisera que 45 % des femmes et 57 % des hommes se souviennent de tels jeux avant l'âge de douze ans, mais de façon imprécise, très peu pendant la petite enfance. Si l'on en croit le psychologue autrichien Ernest Borneman[6], la puberté s'accompagne de façon spécifique d'une sorte d'amnésie des expériences sexuelles antérieures. On connaît d'ailleurs l'existence d'une même amnésie en ce qui concerne la période antérieure à l'établissement du langage chez l'enfant : nous avons très peu ou pas de souvenirs avant quatre ou cinq ans, âge où l'on maîtrise bien le langage. Un peu comme si nous ne devions pas nous souvenir des phases d'apprentissage de nos comportements ou comme si elles utilisaient un autre langage qui les rendrait par la suite incompréhensibles à nos oreilles. C'est ainsi que les adultes sont surpris, voire choqués, lorsqu'ils découvrent les jeux sexuels de leurs enfants et surtout quand ils prennent conscience qu'ils ne sont pas si différents des leurs.

« Quand je frotte mon minou, c'est bon et c'est chaud. [Sa mère a pris l'habitude d'appeler "minou" son sexe.] Et si je frotte plus fort, c'est plus chaud. » Julie a trois ans, elle aime se promener nue ou enlever sa culotte pour « se toucher » plus facilement. Elle n'est pas anormale ni perverse, comme on l'aurait pensé il y a encore quelques décennies, elle vit simplement le début de sa sexualité sans contrainte ni interdit. Autrefois, on aurait découragé son geste par un veto : « Touche pas, c'est sale ! »

Aucune raison ne pousse à encourager les comportements sexuels précoces, aucune non plus n'incite à les décourager ; il s'agit plutôt d'accueillir et d'accompagner le geste de l'enfant par un climat de réassurance : « C'est normal, c'est le début de ta vie de femme. » Car lorsqu'on parle aujourd'hui avec les enfants de leur vie intime, ils en sont très conscients et disent librement qu'ils en retirent du plaisir : « Mon zizi et moi, on n'est pas réveillés en même temps, me confie Adrien, huit ans. Quand il dort, je suis réveillé ; quand il est réveillé, je dors. Si je le frotte, il grandit, et c'est très très bon. Je le frotte beaucoup. » Les parents d'Adrien lui ont seulement précisé que ce petit jeu intime ne doit pas se faire en public : « C'est bien et bon pour toi. Tu peux le faire comme tu le désires mais dans ta chambre, pas en public, c'est une règle de la société. »

Durant la longue période de l'enfance, les garçons et les filles font des expériences pour comprendre le monde. Ils réagissent à leurs propres sensations et aux réactions de leur entourage. C'est ce que l'on appelle la « curiosité sexuelle », qui pousse l'enfant à rechercher des sources de plaisir dans l'environnement et à éviter les expériences qui leur semblent négatives, douleur ou réprobation. Ils vont ainsi vers le sein de leur mère ou la réassurance de ses bras, et au contraire ils reculent devant les reproches ou les menaces d'un adulte qui leur paraît hostile. De même, ils explorent leur propre corps et s'aperçoivent rapidement que la région génitale est une source de sensations agréables. C'est d'abord un jeu avec la main qui frotte le pénis ou le clitoris, puis avec un objet transitionnel (une couverture, un oreiller, une poupée, etc.) et, par la suite, avec un enfant de leur âge.

C'est encore l'époque où les très jeunes nourrissons réagissent par des signes d'excitation sexuelle à de nombreuses stimulations, ce qui met parfois leur mère dans l'embarras : « Comment réagir à mon fils qui est en érection quand je le lange, quand je le baigne ou que je le nourris ? » Il faut d'abord comprendre qu'il y prend du plaisir et que c'est sa façon, encore non verbale, de le montrer. Pour autant, son érection n'est pas un signal sexuel destiné à sa mère. Le degré de liberté des parents par rapport à leur propre sexualité conditionnera leur réponse qui, à son tour, encouragera ou non l'enfant à se laisser aller, car il n'est pas encore conscient de la valeur sexuelle que peut avoir ce signal pour les autres. C'est aussi vrai des petites filles qui présentent une lubrification vaginale et une « érection » clitoridienne dans des moments intenses de contentement, par exemple pendant la tétée. De même, pour certaines femmes, la jouissance qui peut accompagner cette succion peut parfois aller jusqu'à l'orgasme. Cette troublante intimité, qui sera comprise comme un moment de grande jouissance par une femme mature et épanouie, pourra décontenancer celle qui se connaît moins bien, d'autant plus si elle n'éprouve pas de plaisir avec son partenaire. La confusion est, bien sûr, symbolique. Mais certains adultes confondent le symbole et la réalité. Il est alors nécessaire pour eux de mener une réflexion sur eux-mêmes avec un thérapeute, s'ils vivent mal ou de façon ambiguë l'intimité avec leur enfant. Il faut à cet égard être très clair : il n'y a aucune raison d'avoir une intimité de contact sexuel même avec son enfant (je pense par exemple à l'érection matinale d'un père face à son fils ou sa fille qui le rejoint dans le lit le matin). Pour l'enfant en effet, les individus n'ont pas d'âge : papa aime maman ; pourquoi alors ne pourrais-je pas aimer papa ? C'est aux adultes qu'il appartient de séparer clairement les générations et d'éviter toute promiscuité sexuelle avec un enfant.

Autre volet de cette interrogation sur la sexualité de l'enfant : l'autoérotisme (la recherche du plaisir avec soi), mais aussi, à l'adolescence, l'hétéroérotisme (la recherche du plaisir avec un autre que soi, du même âge). C'est une caractéristique de l'enfance que l'on a parfois du mal à admettre.

Si Freud a été révolutionnaire en attribuant une sexualité à l'enfant de trois à quatre ans, Kinsey l'a été plus encore en révélant les activités érotiques de la toute petite enfance et notamment du nourrisson. Le tout petit bébé, à peine né, explore déjà son corps et remarque les sensations particulières que lui procure son sexe. Les premières masturbations ont été observées à l'âge de deux mois et le premier orgasme à cinq mois[7]. Kinsey précise que « chez un bébé ou tout autre jeune mâle, l'orgasme est la réplique exacte de l'orgasme chez l'adulte, abstraction faite de l'absence d'éjaculation[8] ». Ces observations n'ont rien de surprenant puisque l'échographie a révélé que le petit enfant prêt à naître a déjà les mêmes préoccupations. Au point que certains échographistes à qui les parents demandent le sexe de leur enfant et qui ne le trouvent pas disent : « Quand je ne trouve pas le sexe, je cherche l'épaule, je suis le bras, et je trouve le sexe. » En 1994, l'observation des comportements sexuels du fœtus par soixante échographistes nous a permis de montrer l'importante fréquence des gestes à destinée génitale, surtout avec la main mais aussi avec la bouche. Le fœtus est peut-être déjà « pervers polymorphe », comme le disait Freud de l'enfant[9] !

Cette riche proto-sexualité du fœtus à l'intérieur de l'utérus, qui constitue la première phase de l'organisation sexuelle, se poursuit à l'identique quelques mois après la naissance[10]. Si le nourrisson connaît l'orgasme dans les premiers mois de la vie, il n'y a aucune raison d'exclure la possibilité que certains d'entre eux, les plus délurés déjà, aient « pris leur pied » à l'intérieur du ventre de leur mère. Mais cette pratique est encore cachée, ne le dites surtout pas à la mère !

Cette vie érotique précoce du petit humain nous fait prendre conscience de l'importance de la vie sexuelle pour son équilibre futur, une vie érotique et sexuelle qui est souvent restreinte à la portion congrue par les contraintes de la vie. Mais il suffit de nous rappeler combien le principe de plaisir organise la vie à son origine pour tenter de lui accorder une meilleure place par la suite.

La cigogne et le bébé

Combien d'entre nous ont cru, à un moment de leur petite enfance, à une fable sur l'origine des bébés, celle du chou dans lequel viennent les enfants, celle de la graine du papa qui pousse dans la terre maternelle ou encore de la cigogne qui amène le bébé par les airs afin qu'il n'y ait aucune explication à donner du côté du sexe. Encore faudrait-il ne pas voir dans la cigogne le symbole phallique que portent tous les oiseaux de son espèce, les oies, les cygnes... depuis l'Antiquité.

Ces histoires ont été inventées par des parents gênés par le sexe et qui ne savaient pas répondre à la première question que pose un enfant : « Comment fait-on les bébés ? » Devant cette absence de réponse des parents, les enfants émettent des hypothèses très personnelles : les bébés se font par la bouche et sortent par l'anus, le baiser peut engrosser la maman, etc. Quelques années plus tard, la petite fille qui a bien compris que le bébé grossirait dans son ventre est parfois prise, dans cette logique infantile, entre fantasme et réalité : « Comment un bébé aussi gros que moi pourra-t-il sortir par un zizi aussi petit que le mien ? » Et quand on lui explique que lorsqu'un homme et une femme font l'amour le pénis vient dans le vagin, et qu'elle connaît la taille du seul pénis qu'elle a un jour observé, celui de son père : « Comment un pénis aussi gros pourra-t-il entrer dans un zizi aussi petit que le mien ? »

Ces deux fantasmes, nous devons les comprendre et les dépasser pour vivre par la suite la sexualité sans angoisse. Lorsqu'ils persistent à l'âge adulte, ils créent souvent une profonde inhibition sexuelle ou un refus de grossesse très ambivalent puisqu'il associe le désir d'enfant et la peur d'être enceinte.

On connaît encore l'interprétation explicative du pénis « bouchon » du sexe féminin pour le petit Hans, célèbre patient de Freud. Une autre interprétation narcissique pour le petit garçon est d'imaginer qu'un père ne peut engendrer qu'un fils, ce qui nie toute participation de la mère à l'enfantement. À l'identique, une petite fille peut avoir le fantasme tout aussi narcissique de la poupée russe, la mère contenant la fille qui contient une fille qui contient elle-même une fille, etc. Ce fantasme exclut le père de toute procréation.

Il est nécessaire de tenir très tôt aux enfants un discours libre et juste sur la sexualité, et de répondre dès le début à leurs interrogations légitimes. C'est la meilleure des éducations. Enfin, la préparation des adolescentes à la survenue des premières règles est également indispensable pour éviter le traumatisme du saignement inattendu et pour préparer la fillette à sa vie génitale, à l'érotisme, à sa sexualité, à sa fécondité, et pour ne plus entendre de témoignages comme celui de cette jeune femme encore traumatisée et très inhibée sexuellement : « La première fois, ma mère ne m'avait absolument pas prévenue. J'ai eu très peur et puis j'ai eu honte de ce que j'avais dû faire sans le savoir. Elle m'a dit : tu mets une serviette, c'est un truc qui revient chaque mois et dont on ne parle pas. »

La période de latence

Voici un mythe moderne issu de la théorie freudienne. Il montre combien la pensée de Freud a été novatrice et combien elle a influencé les représentations populaires puisqu'en quelques décennies, ses idées sur le développement de la sexualité ont été connues de tous. Mais si Freud était évidemment juste en son temps, au début du XXe siècle, il ne l'est plus toujours aujourd'hui. Qui n'a entendu parler de la phase orale, de la phase anale, de la libido et de cette fameuse phase de latence qui marque l'arrêt pour un temps de la curiosité sexuelle de l'enfant ? Il se tournerait alors vers les activités sociales et substituerait au « savoir sur le sexe » le « savoir sur le monde », avant de revenir, quelques années plus tard, à ses préoccupations sexuelles au moment de la puberté.

« L'interruption du développement [sexuel humain] par la période de latence, nous a paru digne d'une attention particulière. En effet, c'est une des conditions qui permettent à l'homme le développement vers une civilisation plus élevée. Nous y trouvons aussi l'explication de la prédisposition aux névroses[11]. » Cette période qui se situe entre sept et douze ans correspond effectivement à un remaniement important pour l'enfant de ses relations avec les autres, résolution du complexe d'Œdipe, obsessionalisation de la personnalité par l'éducation, acceptation des disciplines sociales et apparition de réactions émotionnelles de pudeur, de dégoût, de tendresse. En cela, Freud voyait juste : cette période nous distingue de l'animalité par l'apprentissage des valeurs sociales. L'enfant se civilise. En fait, l'hypothèse de Freud ne repose que sur le témoignage de ses patients, enfants et adultes, à Vienne au début du XXe siècle et l'analyse de la pulsion sexuelle des névrosés. Dans le climat passionnel de l'époque, cette hypothèse a été très vite critiquée car elle ne correspondait pas aux observations que l'on commençait à faire sur le comportement des enfants. En 1948, dans son célèbre *Rapport sur le comportement sexuel*, Alfred Kinsey qui observe des enfants et préadolescents de un à quatorze ans, montre que les expériences sexuelles ne s'arrêtent pas et ne diminuent pas pendant cette période. Il observe au contraire une activité sexuelle à tous les âges de la vie[12]. Ford et Beach qui étudièrent les comportements sexuels dans de nombreuses populations humaines ne retrouvent pas non plus cette notion et montrent au contraire une recrudescence des jeux sexuels des préadolescents dans les sociétés qui n'interdisent pas l'érotisme aux enfants et offrent par exemple des lieux destinés à cet apprentissage[13]. Enfin, Goldman, en 1982, a interviewé plus de huit cents enfants âgés de cinq à quinze ans : il ne retrouve pas de période pendant laquelle le développement ou les activités sexuelles de l'enfant seraient interrompus. Bien au contraire, les enfants s'intéressent de plus en plus, avec l'âge, aux questions sexuelles[14].

Il est vrai que la société s'est profondément modifiée en Occident depuis un siècle, notamment grâce à la révolution freudienne qui a amorcé la libération des mœurs. On a longtemps pensé que la séparation scolaire des garçons et des filles, et une certaine répression sexuelle qui étaient pratiquées à Vienne comme partout en Europe à l'époque de Freud, avaient pu faire penser à cette « latence sexuelle ». Le grand sexologue John Money pense plutôt que ce que Freud avait observé était la phase de pudibonderie des préadolescents qui n'acceptent plus de participer de façon ouverte aux jeux sexuels avec leurs camarades[15].

Je crois que l'on peut effectivement attribuer cette impression d'une phase de latence sexuelle chez les préadolescents à leur prise de conscience des valeurs de la société et à leur tentative d'adaptation à cette contrainte, non par un refoulement des pulsions, mais plutôt par une clandestinisation des pratiques qui se poursuivent dans le huis clos de leur chambre ou, comme le confessait Marcel Proust, dans « une petite pièce sentant l'iris [...] destinée à un usage plus spécial et plus vulgaire [...] sans doute parce qu'elle était la seule qu'il me fût permis de fermer à clef, à toutes celles de mes occupations qui réclamaient une inviolable solitude : la lecture, la rêverie, les larmes et la volupté[16] ». Proust se cachait pour vivre ses pulsions. C'est pour cette raison que Freud ne rencontra jamais Proust et conclut à une latence de la sexualité !

Comment franchir le pas ?

Le mythe de la première fois recouvre plusieurs réalités et fausses croyances : l'hymen protège de la grossesse, c'est le premier contraceptif ; la virginité garantit la pureté des sentiments ; la défloration, ça fait mal ; je me réserve pour ce jour-là ; ce sera le plus beau jour de ma vie ; etc.

Ce mythe n'a évidemment pas la même portée pour un garçon et pour une fille, essentiellement en raison de la valeur symbolique que la défloration représente pour une jeune fille. C'est ce que je vais d'abord décrire.

« L'état de virginité est supérieur à l'état de mariage », affirmait le Concile de 1563, renforçant la mainmise des familles et de leur chef, le père, sur le sexe des jeunes filles. Les filles étaient alors et jusqu'à récemment, la propriété du père qui les échangeait avec le mari contre une dot, le gage de cette transaction étant sa virginité, ou son pucelage. « Elle est pucelle, nous rappelle Antoine Oudin dans ses *Curiosités françaises* en 1649, cela se dit des choses qui n'ont point encore servy ! » Aujourd'hui, le monde a changé et l'ordre des choses s'est inversé, les filles « se servent » de leur sexe, décident de leur vie affective et « se donnent » à qui elles veulent. Comment comprendre que l'hymen, cette fragile membrane qui interdit timidement l'entrée du vagin à son premier visiteur, soit passé en quelques décennies d'un symbole de pureté reconnu par toutes les sociétés humaines à celui d'un accessoire ringard dont il faut au plus vite se débarrasser si l'on veut avoir un peu de crédibilité auprès des copains et des copines ? Le symbole n'a plus la même valeur, alors qu'il porte curieusement toujours le nom d'hymen, d'après le cri rituel que l'on poussait lors de la cérémonie nuptiale à la vue du drap rougi par la défloration. Les attitudes, elles, ne changent pas aussi rapidement, on ne balaie pas mille siècles d'histoire en quelques années. Cette symbolique persiste dans la tête de l'adolescente qui anticipe parfois avec inquiétude ce moment initiatique et il faut bien la préparer à franchir le pas en accord avec elle-même.

C'est certainement sa mère qui est la mieux placée pour lui parler, en lui rappelant le symbole que constitue l'hymen, mais aussi sa relativité. Il est en effet souvent déchiré par des manœuvres intimes et sa forme ou sa sensibilité sont extrêmement variables d'une jeune fille à une autre. Elle doit aujourd'hui comprendre que l'hymen est plus une frontière morale et symbolique qu'un obstacle anatomique à la pénétration. Cette mise en confiance peut alors permettre de vivre « la première fois » sans angoisse. Beaucoup de déflorations se font d'ailleurs sans douleur ni effusion de sang. C'est la peur et la tension nerveuse qui ajoutent souvent de la souffrance à un moment, le premier, qui devrait être accompagné de douceur. Pour cela, toutes les conditions doivent être mises du côté des adolescents amoureux, c'est-à-dire une bonne information, un climat de confiance et de liberté – ils ne doivent pas être surveillés, c'est eux qui décident – et une contraception préalable pour n'ajouter aucune angoisse. Il n'est pas inutile de rappeler que chaque année en France près de trois mille enfants naissent de jeunes femmes de moins de seize ans, peu ou mal informées, et que les demandes d'IVG sont en augmentation constante.

Mais le mythe de la première fois, c'est aussi celui de l'espérance de la jouissance sexuelle : « Je ne le ferai qu'avec un garçon que je serai sûre d'aimer, avec mon grand amour », entend-on encore. « Ce sera le plus beau jour de ma vie. » L'espérance est telle, chez certaines jeunes filles très idéalistes que la réalité est rarement à la hauteur de leur fantasme et que la déception est fréquente. De nombreuses enquêtes sur les comportements sexuels dans plusieurs pays ont montré qu'environ une fille sur cinq seulement a du plaisir la première fois et que la plupart de celles qui jouissent au premier rapport sexuel se connaissaient bien, qu'elles avaient eu une expérience de l'autoérotisme, c'est-à-dire un « apprivoisement » des réactions sexuelles avec elles-mêmes et parfois avec une copine de même âge. Cela montre tout d'abord que la jouissance féminine nécessite connaissance de soi et apprentissage, et que l'abandon au plaisir s'apprend progressivement avec l'expérience sexuelle. Certaines idéalistes pourront cependant vivre cette première fois décevante comme un signe de leur « frigidité » supposée, car le bonheur était attendu, et après cette déception, elles ne s'abandonneront jamais plus dans l'intimité. Le seul message à adresser à une jeune fille avant cette première fois est que l'intimité avec un homme est un long apprentissage de l'abandon à soi-même, qu'elle pourra peut-être éprouver du plaisir dès la première fois, mais que ce n'est pas obligatoire et que ce moment doit avant tout être un moment de tendresse.

Pour un garçon, la virginité est un signe d'inexpérience porteur d'inquiétude : comment bien faire ? Comment ne pas faire mal ? Vais-je être à la hauteur ? « Pucelle » se dit au masculin « puceau », et c'est pour un garçon un signe de raillerie moqueuse. Autrefois déjà, lorsqu'on louait les vertus de la pucelle, on se moquait de la naïveté du puceau. Le garçon doit donc dépasser sa naïveté, il doit se mettre au courant de ce qui peut se passer en se tournant vers ses copains ou des adultes proches qui ne sont pas les parents. Le premier rapport entre deux jeunes de même âge est ainsi très souvent décevant quand ils n'y ont pas été préparés, l'éjaculation est précoce et l'impossibilité à pénétrer peut être vécue comme humiliante par le garçon, l'absence de plaisir comme un funeste présage pour la fille. Dans les deux cas, il faut dédramatiser ces comportements et insister sur le climat de tendresse qui reste l'élément primordial de cette première fois[17].

J'suis pas normal !

« C'est au sport que je m'en suis rendu compte, mon sexe n'est pas pareil, il est bien plus petit. Au début, je le cachais, puis je ne prenais plus de douche. Maintenant, j'ai arrêté le sport. J'ai trop honte. » La même chose vaut pour de nombreuses jeunes femmes qui se trouvent trop fortes, sont mécontentes de leur poitrine, trop petite ou trop grosse : « Je suis mal faite, aucun garçon ne voudra de moi. »

La peur d'être anormal, si fréquente chez les adolescents, recouvre leur angoisse face aux inconnues du sexe : l'inconnu de sa propre sexualité et de la sexualité du partenaire. La plupart des enquêtes sur la sexualité relèvent cette forte inquiétude des ados devant les transformations de leur corps, de leur psychisme, des relations avec les autres et une obsession : celle de paraître normal. Car c'est une expérience étrange que de ne pas se reconnaître, de se regarder dans une glace et de paraître autre que la veille. Les modifications du corps ne sont intégrées que très lentement dans la représentation mentale que nous nous faisons de nous-mêmes. Par exemple, un sujet obèse qui maigrit rapidement de plusieurs dizaines de kilos n'aura vraiment intégré sa nouvelle image que longtemps plus tard, parfois plusieurs années. Et le décalage entre cette image mentale et son reflet dans le miroir est souvent responsable des échecs des régimes et des thérapies qu'il peut engager.

Pour l'adolescent, il en va de même, mais il n'y a pas de retour à l'état antérieur – on ne redevient pas enfant. Si l'image intérieure reste infantile, le décalage est vécu avec anxiété ou inhibition.

Ces mythes corporels sont aujourd'hui entretenus par l'image sociale qu'offrent les mannequins dans les magazines. Le décalage est souvent très important entre l'adolescente et le top model, entre le jeune garçon et son image idéalisée. Les ados vérifient la croissance de leurs poils, le développement des seins, de la vulve, la croissance de la verge et passent de longues heures dans la salle de bains à observer l'évolution de leurs fantasmes. Certains envisagent même la chirurgie esthétique à cette époque de leur vie où la beauté les habite. Il ne sert en général à rien de les détromper directement en disant : « Mais non, tu es normal ! », car leur inquiétude est relationnelle et fantasmée. Ils n'ont pas encore intégré tous les éléments de leur nouveau physique et de ce qu'il implique dans les relations avec les autres. Une seule voie de salut : la réassurance chaleureuse, le dialogue avec les parents ou des amis proches, une parole juste et libre sur la sexualité.

L'amour, c'est sale !

« Tu verras, ma fille, c'est sale, douloureux, ça fait mal et c'est toujours comme ça. » Cet anathème autrefois lancé aux petites filles devenait une prescription autoréalisante : le seul fait de la formuler contribuait à sa réalisation, dans la mesure où l'angoisse qu'elle produisait entretenait une tension nerveuse qui rendait effectivement l'amour douloureux et sans plaisir. À l'accusation de « saleté » s'ajoutent la douleur et la culpabilité. La langue populaire, autrefois imprégnée des préceptes de l'Église, parlait de saletés ou de cochonneries pour désigner l'acte sexuel. C'était un péché sale, un péché bourru, c'est-à-dire rempli de poils, de bourre, la marque du sexuel, « le plus abominable de tous les péchés, clamait Le Camus, cardinal au XVIIe siècle, le plus grand de tous les crimes, car il faut être deux pour le commettre[18] ». La médecine, alliée de l'Église, n'était pas en reste puisqu'elle a nommé la région sexuelle « région honteuse » et que, aujourd'hui encore, les vaisseaux et les nerfs qui mènent au pénis et au vagin portent ce nom, ils s'appellent le nerf honteux, la veine honteuse !

L'idée populaire de la saleté attachée à la sexualité est fortement liée à la proximité de la région génitale et des zones d'excrétion de l'urine et des fèces, qui étaient certainement « difficiles d'accès », à une époque où l'hygiène était moins courante qu'aujourd'hui. L'émission du sperme, que l'homme dépose dans les voies féminines et qui s'écoule après le coït, a également contribué à faire considérer la semence masculine comme un résidu « sale » et, populairement, les hommes comme des « cochons ». Beaucoup de jeunes filles non préparées à cela vivent le sperme comme étranger, dérangeant, repoussant, voire répugnant, alors qu'il ne contient aucune trace de déjections. Il est une sécrétion du corps, comme la salive ou la transpiration. En outre, le sexe oro-génital (fellation, cunnilingus) a longtemps été considéré comme un signe de débauche réservé aux prostituées et condamné pour cela. Mais il n'est ni sale ni pervers ; c'est une pratique très répandue de l'érotisme des humains, tout comme les relations anales qui ne sont pas anormales quand elles sont l'expression d'un désir mutuel.

Il faut enfin rappeler que rien dans l'amour n'est obligatoire. Chacun doit vivre sa sexualité comme il le sent, c'est-à-dire sans ressentir de contrainte de la part du partenaire. Certaines personnes, gênées ou blessées par telle ou telle pratique, doivent savoir et pouvoir les refuser. Si c'est trop gênant, ou limitant par rapport au partenaire, on peut se faire aider par un psychologue ou un sexologue. Les inhibitions sexuelles ont souvent un lien avec notre histoire et nos premières expériences sexuelles.

L'hygiène corporelle permet aujourd'hui de vivre librement une sexualité qui ne craint plus que l'amour soit sale. Cette proximité avec le partenaire est au contraire comprise comme une marque de confiance et une preuve d'intimité amoureuse. Le fantasme inverse existe aussi, un fantasme défensif, celui d'une trop grande hygiène et, par exemple, de la douche vaginale quotidienne qui a été longtemps préconisée par les gynécologues. C'est une erreur, « l'introduction d'eau et de savon dans le vagin détruit la "flore intelligente" qui décourage de nombreux germes venus de l'extérieur[19] » et favorise les mycoses et les affections microbiennes. En réalité l'amour libre entre deux adultes nécessite une hygiène et une propreté mutuelles, mais pas exagérément. La nature est mieux faite qu'on ne le croit si l'on accepte que l'amour n'est pas sale.

L'abstinent volontaire

Une idée très largement répandue est que l'abstinence sexuelle, quand elle existe, est volontaire, qu'il s'agit d'un choix, d'une philosophie de vie. L'ascèse pleinement consciente et volontairement décidée est rare, car elle nécessite un effort difficile à maintenir pendant une longue période, voire toute une vie. C'est le cas de certains engagements mystiques ou religieux.

Ce que l'on observe le plus souvent, c'est une chasteté fondée sur le refoulement, sur l'inhibition ou sur la culpabilité, et le rejet plus ou moins conscient du contact avec les autres. C'est ce que l'on pourrait appeler une « fausse chasteté », car elle témoigne du refoulement des pulsions. Elle évolue souvent en agressivité ou en passage à l'acte. La chasteté

« sans effort », quant à elle, est l'expression d'une profonde altération de la personnalité, d'une inhibition sexuelle primaire ou d'une insuffisance organique. Elle est rare.

Il arrive plus fréquemment que des hommes ou des femmes soient amenés à vivre une abstinence relative, périodique ou saisonnière, en fonction surtout de la disponibilité du partenaire, de l'état érotique du couple ou de moments difficiles. Cette continence n'est pas toujours bien comprise, surtout par les hommes qui vivent le sexe comme un besoin et accusent leur conjointe d'être responsable de cette frustration. Le sexe n'est pourtant pas obligatoire lorsque le couple vit en intelligence amoureuse. Mais l'abstinence au long cours est certainement préjudiciable aux couples peu structurés et qui ne parlent pas.

L'abstinence est enfin douloureusement vécue – et non consciemment décidée – par tous ceux, hommes ou femmes, qui n'ont pas de partenaire. Car l'amour en général, ça se fait à deux.

Un seul sexe !

Il n'existe qu'un sexe : tout le monde le sait, c'est le sexe masculin ! Les hommes l'ont clamé, les femmes aussi, et si certain(e)s prétendent à un deuxième et un troisième sexe, ce ne sont que des ersatz bien imparfaits du premier, seul et unique : le sexe masculin, vous dis-je !

Cette affirmation arrogante a prévalu depuis le début de l'humanité, depuis que les hommes ont pris le pouvoir sur les femmes et sur leurs capacités génitales, sexuelles et reproductrices. L'illusion a même été totale lorsque les anatomistes, les physiologistes puis les psychologues ont prouvé, grâce à la science, que ce préjugé était réalité : jusqu'au XVIIIe siècle, l'appareil féminin était représenté comme un long pénis intériorisé flanqué, tel le sexe d'un homme, de deux organes latéraux semblables aux testicules. Cette analogie entre les appareils génitaux, masculin et féminin, fut l'un des grands fantasmes anatomiques de la Renaissance. Dans un souci normatif, les ovaires étaient assimilés aux testicules et l'utérus-vagin au pénis. La femme possédait ainsi une sorte de pénis intérieur, le gland étant constitué par la vulve fendue du méat urinaire, le corps de la verge par le vagin s'abouchant à l'utérus et aux ovaires-testicules[20]. La nature était ainsi très simple à comprendre : la femme n'était qu'un homme invaginé, c'est-à-dire intériorisé ! Aristote l'avait d'ailleurs affirmé une fois pour toutes : la femme est un sous-homme ! Un homme à qui il manque ce qui fait l'homme, la force, l'intelligence, la virilité !

Cette anatomie imaginaire qui faisait de la femme un sous-produit de l'homme confirmait le préjugé diffamatoire du maître à penser de tout l'Occident pendant près de vingt siècles. Les physiologistes et les psychanalystes vont encore abonder dans ce sens et renforcer cette fausse croyance résolument sexiste. La physiologie sexuelle de la femme, tout d'abord, va être supposée identique à celle de l'homme pour mieux l'asservir au devoir conjugal, avec cependant une différence qui a été très vite établie : seul l'homme parvenait au plaisir, la femme ne connaissant pas l'orgasme ! Cette croyance surprenante, largement répandue et défendue par certaines autorités médicales, durera jusqu'au milieu du XXe siècle. Elle permettra de soumettre plus encore l'épouse aux désirs de son mari. Elle était aussi le reflet d'une société pudibonde pour laquelle une femme « comme il faut » ne montrait pas ses émotions et n'éprouvait pas de plaisir lors des relations sexuelles. Il fallut attendre le travail de Masters et Johnson, *Les Réactions sexuelles*[21], publié en 1966, pour découvrir que la physiologie sexuelle de la femme était différente de celle de l'homme, qu'une femme faisait l'amour comme une femme, et non comme un homme castré, et qu'elle avait une jouissance riche de sa diversité.

C'est enfin la psychologie et la psychanalyse qui poursuivront jusqu'à aujourd'hui cette idée fausse de l'existence ou de la prééminence d'un seul sexe. Lorsque, en 1905, Freud propose ses idées révolutionnaires sur l'importance du sexuel dans les pulsions humaines, il le fait autour d'un principe encore très XIXe siècle : le primat du phallus. L'ensemble de la théorie freudienne repose sur ce principe organisateur masculin, influencé par les valeurs d'une époque. Les mœurs ont changé, mais la théorie n'a pas évolué. « Le pénis est déjà dans l'enfance la zone érogène directrice, l'objet sexuel autoérotique le plus important et sa valorisation se reflète logiquement dans l'impossibilité de se représenter une personne semblable au moi sans cette partie constituante essentielle[22]. » Le fantasme de castration semble alors pouvoir apporter une réponse à l'énigme anatomique que représentent pour l'enfant la présence du pénis chez le garçon et son absence chez la fille. Le garçon redoute la castration comme pouvant résulter d'une menace paternelle sur ses activités sexuelles, et la fille se résigne à cette même castration par l'envie du pénis sous deux formes : les unes qui seraient plutôt mères par le désir d'enfant, les autres plutôt femmes par l'envie de jouir du pénis de l'homme au cours du coït. De nombreuses voix féminines parmi les psychanalystes se sont élevées contre ce point de vue, comme celle de Karen Horney[23]. Rien n'y a fait. Pour la psychanalyse, la femme est encore aujourd'hui marquée par la castration et son désir d'un sexe qui lui manque : celui de l'homme !

Paradoxe suprême, si l'on interroge la biologie et les physiologistes, pour eux il n'y a également qu'un sexe, nécessaire et fondamental, mais c'est le sexe féminin. La nature est ainsi faite qu'à l'origine, l'état indifférencié, qui prend ensuite forme masculine ou féminine selon l'imprégnation hormonale, est en réalité un état qui ressemble à l'état femelle[24]. Si les hormones masculines s'expriment, cela devient un mâle ; sinon, cela reste une femelle. Dans ce schéma, le mâle n'est donc qu'un sous-produit de l'état femelle qui, seul, est capable d'engendrer, de se transformer, en un mot de donner la vie. C'est pourquoi Dolly, la star du clonage, est une femelle. Contre toute croyance, l'état femelle est évidemment supérieur. C'est certainement pour cela que le pouvoir masculin tente, depuis le début de l'humanité, de faire croire à des contre-vérités. À la mesure de son impuissance !

Sexe contre nature

On aura donné à l'homosexuel tous les noms : *homo, pédé, garçon-fillette, qui tient la quenouille, bique et bouc*, etc., et lorsqu'il est bi, *celui qui marche à l'huile et au vinaigre*, etc[25]. Ces dénominations diffamatoires traduisent la forte homophobie qui existait encore il y a quelques décennies, lorsque les homosexuels étaient dénoncés et emprisonnés pour attentat à la pudeur ou outrage aux bonnes mœurs. Cela relevait, dans la conscience populaire et l'inculture religieuse, d'un crime contre nature puisque l'homosexualité contrevenait au premier principe de la vie sur terre : se reproduire. Aujourd'hui beaucoup mieux acceptée, l'homosexualité se nomme elle-même : « amour autrement » ou selon des sigles américains MSM (*Men who have sex with men*), WSW (*Women who have sex with women*), pour revendiquer la *Gay pride*, c'est-à-dire « l'orgueil légitime d'être homosexuel[26] ».

Le fantôme de l'homophobie n'est cependant jamais très loin car l'anathème est ancien, il a hanté toutes les générations. La Bible dit clairement : « Si un homme connaît son pareil, ou une femme sa pareille, les deux commettent une abomination, ils méritent la mort[27]. » Au Moyen Âge, l'accusation d'homosexualité fut l'une des armes les plus efficaces de l'Inquisition. Puis, les médecins nommèrent maladie ce que l'Église qualifiait de péché. Dans son célèbre *Psychopathia sexualis*[28], Krafft-Ebing fit de l'homosexualité une tare génétique, mais surtout une maladie psychiatrique que Freud et les premiers psychanalystes étudièrent sous la dénomination d'*inversion*[29], c'est-à-dire de déviation de l'objet sexuel. On pensait alors à une normalité hétérosexuelle dont le but premier était celui de la nature : se reproduire. L'homosexualité apparaît alors anormale, contre nature et pathologique. C'est ainsi que l'homosexualité était encore cataloguée il y a quelques décennies, dans les premières versions de la *Classification internationale des maladies mentales*. Ce fut aussi la seule catégorie qui en sortit du fait de l'évolution des mœurs et sous la pression du puissant mouvement homosexuel américain. Depuis 1980, l'homosexualité n'est plus une maladie !

Qu'est-ce que l'homosexualité ? L'amour entre deux hommes, entre deux femmes ? Un vice ? Un crime contre nature ? Une névrose ? Un attachement précoce à la mère pour le jeune garçon ? Un complexe d'Œdipe mal résolu ? Un comportement d'évitement de l'autre sexe ? La conséquence d'un acte incestueux, réel ou symbolique ? Est-ce une question de nature, de culture ? Une anomalie génétique ? Une modification hormonale du développement du fœtus ? Une prédisposition bisexuelle innée chez tous les individus ? Une façon sociale d'être ? Il n'y a évidemment pas de réponse définitive à ces nombreuses questions qui peuvent éclairer certains aspects de l'homosexualité mais ne l'expliquent pas dans sa totalité. L'explication est certainement particulière à chaque cas. Pour certains, il n'est pas exclu qu'il puisse exister une prédisposition ; pour d'autres, les empreintes précoces auront pu orienter ainsi le choix sexuel ; pour d'autres encore, les expériences de l'adolescence ont pu modifier le choix du partenaire. La question principale est aujourd'hui de permettre aux hommes et aux femmes de vivre la sexualité qui leur correspond avec l'individu de leur choix dans le respect de leurs valeurs personnelles. L'humanité est sur la bonne voie.

La masturbation, ça rend sourd !

Fâcheuse habitude, crime abominable, excès coupable, décadence maniaque, égarement juvénile, folie solitaire, complaisance vicieuse, commerce criminel[30] : les qualificatifs ne manquaient pas pour condamner les « mauvaises habitudes » masturbatoires à une époque où les prêtres et les médecins se déchaînaient contre les adolescents. Quelle folie leur a pris de persécuter les ados, à cet âge de la vie où le sexe est en train de naître à l'amour, à cet âge qui nécessite au contraire un accompagnement bienveillant ?

L'histoire de cette persécution est très étonnante lorsque l'on sait que les attitudes ont été très différentes au fil des siècles en ce qui concerne la masturbation. Tout le monde pense qu'il s'agit d'un interdit biblique ou tout du moins datant de l'Antiquité. En fait, la Bible ne condamne pas directement la masturbation, mais selon les époques, on a utilisé l'un des préceptes de la Genèse : « Ne répandez pas la semence[31] », pour condamner les pratiques qui ne sont pas fécondatrices. Cependant, dans toute l'histoire de la chrétienté, on ne rencontre aucune période similaire à la grande persécution du XIXe siècle. Au contraire, certaines époques seront même permissives ou compréhensives en matière de masturbation, comme les XVIe et XVIIe siècles, où cette pratique était valorisée car on pensait qu'elle favorisait la fécondité. En effet, les matrones, qui étaient les premières sages-femmes, entraînaient les futures mères à la masturbation et à la production d'orgasmes fécondateurs ! Ce n'était pas tellement faux, dans la mesure où l'on sait qu'une sexualité libérée des interdits facilite certainement l'épanouissement génital et lève les obstacles psychosomatiques à la fécondation.

L'histoire de l'interdit de la masturbation est une pièce de théâtre en trois actes. Le premier se joue en Hollande au début du XVIIe siècle. En 1604, Zacharias Jansen invente le microscope a Utrecht et commence à observer l'infiniment petit. Dans cette région se développe une habileté de l'observation microscopique et deux personnages très célèbres, De Graff et Leeuwenhoek, découvrent successivement l'ovule féminin (en 1670) et le spermatozoïde (en 1677). La bataille des ovistes et des spermatistes ne faisait que commencer, c'est-à-dire entre ceux qui expliquaient la formation de l'enfant à partir du seul ovule féminin et ceux qui l'expliquaient à partir du spermatozoïde. Comme si la femme ou l'homme seul(e) pouvait faire l'enfant. Une guerre des sexes avant l'heure !

La plus grande surprise vint chez ces premiers observateurs du sperme lorsqu'ils découvrirent que des millions, voire des milliards, de spermatozoïdes étaient contenus dans une seule goutte du liquide séminal. La perplexité des médecins observant cette « multitude de petits poissons dans mille directions différentes » suscita chez eux les hypothèses les plus folles. Et si Adam avait contenu toute l'humanité à venir dans ses testicules ? Et si chaque homme contenait toute la descendance de l'humanité ? Mais ces premiers observateurs se contentèrent de poser des questions.

Deuxième acte : quatre-vingts ans plus tard, en 1758, à Lausanne, le fameux docteur Tissot, célèbre pour son *Essai sur les maladies produites par la masturbation*, dresse le tableau dramatique d'un jeune garçon mort dans des souffrances terribles et une déchéance totale, coupable, selon lui, de « mauvaises habitudes ». Il inaugurait deux siècles de persécution des adolescents sous le faux prétexte de la dangerosité de la masturbation. Ce complot médico-religieux usa d'un artifice pour pouvoir condamner ce qui n'était pas condamnable. Dans la Bible, Dieu punit Onan de mort pour s'être retiré au cours d'un rapport sexuel avec la femme de son frère qu'il avait dû épouser, selon la tradition du lévirat. Dieu punit Onan de mort pour le crime d'*onanisme*, c'est-à-dire d'interruption du coït et de perte de la semence, mais pas pour masturbation. Alors, pour interdire la masturbation, que rien ne condamnait, on l'appela désormais « onanisme ». Enfin, cette condamnation n'aurait jamais été si forte et si largement répandue sans deux personnages clés qui vivaient à quelques kilomètres de là, Jean-Jacques Rousseau à Genève et Voltaire à Ferney. Tous deux seront des dévots de Tissot et contribueront à répandre cet interdit.

Troisième acte : sitôt cette guerre du sexe déclarée, on en oublia les raisons, et tous les arguments furent bons, même les plus absurdes, les plus sadiques ou les moins réfléchis pour traquer le désir, étouffer les pulsions et persécuter les adolescents soi-disant masturbateurs. Cette chasse aux sorcières a duré plus d'un siècle dans toute l'Europe, sous l'alibi de la religion et avec le concours des médecins. On attacha les garçons, on enserra leurs organes sexuels dans des boîtes fermées à clef, on brûla le clitoris des petites filles... La cruauté des persécuteurs n'aura d'égal que le silence d'une population qui croyait fermement à la nocivité de la masturbation. Le discours des médecins sera sans appel : « Ce vice conduit notre société à l'abîme », « La masturbation mine le corps social, elle relâche ou détruit le lien conjugal, elle attaque par conséquent la famille, base essentielle de toute société », « Va-t-on compromettre le progrès ? », « Laissera-t-on se rouiller les machines par des éjaculations ? »[32].

À les en croire, la fin du monde était proche si on laissait la débauche et le vice envahir la société. Il fallait alors rappeler sans cesse les maladies que produisait un tel crime : ennui, tristesse, fatigue, agitation, insomnie, surdité, amaigrissement, déchéance... et mort !

Au début du XXe siècle encore, Freud et les premiers psychanalystes s'interrogèrent sur la nocivité de cette pratique, naturelle aux adolescents, et, sous la pression de l'époque, en 1910, ils ne purent la déclarer inoffensive. Du reste, pour certains psychologues, mais aussi médecins et moralistes, la masturbation reste encore aujourd'hui un acte sinon coupable, du moins infantile.

La connaissance de la maturation sexuelle et de la clinique sexologique nous a au contraire donné une certitude : la masturbation, qui est la pratique sexuelle la plus répandue, est un élément fondamental de la sexualité. Elle est indispensable à sa maturation, à sa pleine réalisation comme à sa pérennité. Elle ne produit aucune maladie. Bien au contraire, c'est un élément de l'épanouissement sexuel, en permettant l'apprentissage et l'« apprivoisement » des réactions avec soi-même. Sa pratique est très répandue chez l'homme, peu chez la femme, ce qui a vraisemblablement un lien avec les plus fréquentes difficultés féminines d'accès au plaisir.

Après cela, si la masturbation rend toujours sourd, rabattez-vous sur la lecture !

Le clitoris de Marie Bonaparte

Comment une princesse, descendante de Bonaparte, a-t-elle pu être opérée du clitoris pour jouissance incomplète alors qu'une psychothérapie aurait certainement suffi ? L'anatomie est-elle à ce point déterminante qu'il faille préférer la chirurgie à la psychologie ?

L'histoire de Marie Bonaparte, reine de Grèce et très proche amie de Freud, est surprenante à plus d'un titre. Comment cette femme portée par un destin hors du commun et d'une grande intelligence, a-t-elle pu confondre le fantasme et la réalité au point d'élaborer une théorie imaginaire sur la sexualité féminine et se faire opérer à trois reprises du clitoris parce qu'elle ne jouissait pas comme elle pensait qu'une femme le devait !

« La nature n'a pas toujours réalisé une adaptation parfaite des organismes à leurs fonctions, commence ainsi Marie Bonaparte dans son livre sur *La Sexualité de la femme*, et cela apparaît avec une particulière clarté dans l'adaptation bien plus souvent déficiente de la femme que de l'homme à la fonction érotique[33]. » Si certaines femmes psychanalystes se sont opposées à la théorie sexuelle freudienne, qui leur semblait partisane car ne correspondant pas à leur vécu féminin, à l'opposé Marie Bonaparte accepte tout le discours de Freud comme « parole d'évangile » et insiste même avec une conviction pessimiste sur le caractère très imparfait de la femme en matière d'amour et sur son « inadaptation à la fonction érotique ». Comme si seul l'homme était fait pour l'amour et pas la femme ! On retrouve ici le mythe d'Aristote : *la femme est un homme incomplet*, lorsqu'elle poursuit en reprenant la thèse d'un auteur espagnol : « Tandis que le sexe mâle serait progressif, le sexe féminin serait régressif, c'est-à-dire que l'homme seul atteindrait le plein développement de l'espèce [...]. La féminité serait ainsi une étape du développement comprise entre l'adolescence et la virilité[34]. » Si l'on en croit cette princesse résignée, la féminité ne serait qu'un état incomplet de la masculinité !

« Comme Freud l'a si bien montré, poursuit Marie Bonaparte, il semble exister trois grands types de femmes [...]. Les unes ont remplacé le désir du pénis par le désir d'enfant et sont devenues de vraies femmes, normales, vaginales, maternelles », ce sont *les acceptatrices* ; « d'autres ont abandonné la compétition avec l'homme... elles ont renoncé à toute sexualité objectale », ce sont *les renonciatrices* ; « d'autres enfin... se cramponnent à ce que toute femme recèle de virilité », ce sont *les revendicatrices*. Cette classification très rigide recouvre des réalités sexuelles bien précises, celle du plaisir vaginal pour les premières, celle de la frigidité totale pour les deuxièmes, et de l'« anesthésie » du vagin pour les troisièmes. Elle en conclura que les raisons peuvent parfois être psychologiques mais le plus souvent anatomiques, car, dit-elle, la psychologie ne peut expliquer autant de mystères.

Devant l'échec de la psychanalyse pour transformer une femme clitoridienne en femme vaginale[35], Marie Bonaparte s'est interrogée sur la réalité de cette « anesthésie vaginale » : « J'étais frappée par le grand nombre de femmes clitoridiennes et je me demandais quelle pouvait être la cause de cette si fréquente anomalie. » Elle eut alors l'idée de rechercher une cause anatomique qui expliquerait cette « déficience érotique ». La psychanalyste se fit gynécologue et observa le sexe de nombreuses femmes, à Paris comme à Vienne, dit-elle. La distance entre le clitoris et le méat urinaire lui parut intéressante : « Elle est très variable, de 1 à 4 cm, et les femmes chez lesquelles le diamètre est le plus grand (donc le clitoris plus éloigné du vagin) tendent à être uniquement clitoridiennes [...] comme s'il y avait un fossé trop grand à franchir. » Dès lors, on pourrait tenter, chez certaines femmes, « un rapprochement clitorido-vaginal, favorable à la fonction érotique normale, par une intervention chirurgicale ». Le fantasme devint réalité, en 1925, lorsqu'un chirurgien autrichien, le professeur Halban accepta de mettre en pratique les idées de Marie Bonaparte et opéra plusieurs femmes en sectionnant le ligament qui soutient le clitoris, en le déplaçant vers l'arrière et en raccourcissant les petites lèvres. Cette chirurgie « délirante » fut bien évidemment un échec, car elle tentait de concrétiser un fantasme, « l'utilisation femelle d'une force mâle », selon les propres termes de Marie Bonaparte. Or nous savons aujourd'hui que l'orgasme est unique : l'orgasme profond n'est que l'amplification vaginale de l'orgasme clitoridien. Aucune cause anatomique ne freine cette progression du plaisir, seuls jouent des obstacles psychologiques surtout liés à l'apprentissage et à l'abandon corporel. Là où les biologistes trouveront de la psychologie, la psychanalyste avait imaginé un obstacle biologique.

Tout au long de *La Sexualité de la femme*, on sent Marie Bonaparte très concernée et blessée par l'absence de jouissance complète des femmes clitoridiennes. Or c'était certainement de son cas personnel qu'elle parlait puisque, après avoir cru en découvrir la cause et imaginer la thérapeutique, elle s'est elle-même fait opérer par le professeur Halban, à trois reprises, en 1927, 1930 et 1931 ce qui laisse à penser que le résultat de la première opération fut négatif. Elle le fit, il est vrai, sous un pseudonyme (Narjani), celui-là même sous lequel elle avait publié son étude[36]. La noblesse s'accommode mal d'une chirurgie du clitoris !

La chirurgie du sexe

Rien n'arrête le progrès lorsqu'il s'agit de mettre en œuvre les fantasmes. Halban transposa le clitoris des femmes frigides et Voronof greffa des testicules de singes chez des hommes impuissants. Ces deux tentatives furent des échecs.

Plus récemment, certains chirurgiens ont cédé à la demande de patients désireux d'avoir un sexe plus long, plus gros, plus fort... Le fantasme masculin par excellence. La chirurgie du pénis est très utile lorsqu'il existe une pathologie du tissu érectile, une anomalie des vaisseaux qui alimentent la verge, ou lorsque celle-ci est anormalement coudée par une fibrose, mais elle est inutile, sinon mutilatrice lorsque la verge est de taille normale. Certains rares « micro-pénis », c'est-à-dire de toutes petites verges, peuvent bénéficier d'opérations d'allongement, mais le résultat n'est pas constant. Tout autre est la demande d'allongement de la verge pour performance, exhibition sexuelle ou pour des raisons purement esthétiques de body-building, c'est-à-dire à la mesure des fantasmes de l'homme insatisfait. Cette demande est surtout fréquente dans certains milieux, homosexuels par exemple, qui valorisent les qualités physiques du sexe, taille, épaisseur, rigidité.

La modification traditionnelle de la verge est une pratique asiatique (Sumatra, Japon, Célèbes), assez répandue chez les marins ou dans les milieux de la délinquance. Il s'agit de l'incrustation sous la peau du pénis de petites pierres, de morceaux d'ivoire ou de coquillages, de perles ou de billes de verre, qui épaississent la verge et lui donnent l'aspect du pénis boursouflé du rhinocéros, vénéré chez les populations de Bornéo[37]. En France, l'idée est récemment venue à Michel Schouman, un chirurgien qui retirait par liposuccion des masses graisseuses à des patients faisant une demande de transformation du pénis, d'injecter cette matière graisseuse sous la peau du sexe. Si le pénis ne grandit pas, il s'épaissit et gagne en volume. Un autre chirurgien, bien connu pour être l'inventeur d'une prothèse pénienne, Subrini, place de petits ballonnets sous la peau de la verge et les gonfle progressivement en permettant un discret allongement du sexe. Que ne ferait-on pour plaire !

Le baiser au lépreux

Chacun se souvient du geste symbolique du Christ baisant le lépreux, pour lever les préjugés qui s'attachaient à cette maladie maudite à l'époque, mais pas contagieuse par simple contact. Le même geste a été refait, au début de la pandémie du sida, par des soignants qui voulaient montrer, en buvant dans le verre d'un malade, qu'on n'attrapait pas le sida par la bouche. Le mode de contamination des maladies sexuellement transmissibles (MST) est sexuel, rappelons-le !

Ce sont en effet de nombreux mythes, toujours vivaces qui entretiennent l'idée que l'on attrape les MST sur la cuvette des WC, pour les gonococcies, la chaude-pisse ou la syphilis, en s'embrassant sur la bouche pour l'herpès, en buvant dans un verre pour le sida. Les modes de contaminations imaginaires servent à détourner l'attention du sexe et de la culpabilité attachée à l'acte sexuel : « Si j'ai attrapé cette maladie, c'est lors d'une relation adultère ; je ne peux en parler. » La seconde culpabilité tient aux caractéristiques du sexe : en général, ça se fait à deux, avec le partenaire habituel, celui avec qui on ne se protège pas. La culpabilité est d'autant plus forte : « C'est moi qui t'ai contaminé. »

L'histoire est ancienne, de cette chaîne de contamination qui transmet la vérole, la chaude-pisse, l'herpès ou le sida au gré du vent et des amours, car le meilleur vecteur de contagion, c'est la contamination amoureuse. Saint-Simon nous raconte la même histoire au XVIIIe siècle, en parlant de La Peyronnie qui était alors le premier chirurgien du roi Louis XV et qui inventa la célèbre verge coudée qui porte encore son nom : « Monsieur le Duc a donné la vérole à Madame de Prie ; Madame de Prie l'a donnée à Monsieur de Livry ; Monsieur de Livry l'a donnée à sa femme ; sa femme l'a donnée à La Peyronnie et La Peyronnie les guérira tous[38]. »

Les MST sont des maladies très contagieuses qui se transmettent lors des contacts sexuels, il faut donc toujours protéger ces contacts tant que le conjoint n'est pas l'unique partenaire et, en ce qui concerne le sida, après avoir fait deux tests négatifs espacés de six mois. Le préservatif est entre-temps le meilleur protecteur contre les MST. Et ces précautions ne sont en rien surannées, ni ringardes, car il existe aujourd'hui un autre mythe, celui de l'innocuité des rapports occasionnels ou de la non-nécessité de se protéger, comme si l'épidémie de sida était terminée, ou pour se donner bonne conscience. Ce mythe est d'autant plus dangereux qu'il est véhiculé, notamment dans les milieux homosexuels, par les plus grands multipartenaires, qui sont ceux qui se protègent le moins[39]. Avec un raisonnement paradoxal très répandu, comme ce jeune homme séropositif qui affirme avec beaucoup d'aplomb : « Si je me protège, on va se méfier de moi, penser que j'ai la maladie, et je n'aurai plus de partenaire. Sans protection, j'inspire la confiance. »

Les MST ne s'attrapent pas sur la cuvette des WC, mais elles imposent une protection efficace lors de chaque rapport avec un partenaire qui n'est pas habituel.

L'amour, ça ne se parle pas !

Faire l'amour, agir, besogner, se mettre à l'ouvrage, cogner, étriller, saccader, frétiller, frotter sa couenne, lever le cul, gesticuler, entrer, emmancher, enfiler, cheviller, fouiller, percer, marteler, tirer, batailler, etc. Pierre Guiraud ne dénombre pas moins de mille trois cents termes pour désigner l'acte sexuel dans la langue populaire[40], parmi lesquels une majorité décrit une action, montrant ainsi que l'amour est avant tout un « faire » – on fait l'amour – et parfois aussi un savoir-faire. Mais point de discours, pour la plupart, l'amour se fait en silence, parfois en secret, dans le noir ! L'amour, ça ne se parle pas, ça se fait !

En 1993, dans la grande enquête sur *Les Comportements sexuels en France*, 60 % des hommes et des femmes qui ont répondu affirmaient avoir parlé d'au moins « une chose » lors du dernier rapport sexuel, ce qui implique que les autres ne disaient pas un mot[41] ! On peut encore objecter que la question était « floue » et que « au cours du dernier rapport sexuel » peut tout aussi bien vouloir dire avant qu'après. Or on sait, lors du coït lui-même, que pour la grande majorité, les hommes et les femmes sont concentrés sur leurs sensations et ne disent mot.

Mais qui ne dit mot consent, et la même enquête nous apprend que seulement 36 % des hommes et des femmes ont « exprimé verbalement leur désir au partenaire », ce qui veut dire que pour les autres, la majorité (64 %), il s'agit d'un consentement tacite, voire d'une acceptation passive, d'un refus non exprimé ou d'un refoulement de désirs contraires. Encore selon la même source, on apprend que ces « bavards en amour » ont parlé pour 50 % de sentiments, d'amour, pour 10 à 30 % de contraception et MST, pour 5 à 30 % du sida. On sent bien que les préoccupations amoureuses sont variables selon le partenaire, qu'il soit régulier, nouveau ou occasionnel.

S'il est important de parler des MST avec un partenaire de rencontre, la communication sur la sexualité entre partenaires réguliers est rare, comme si l'on n'avait pas besoin de mots : « Non, je ne lui dis jamais mon désir, je le lui fais comprendre », confie cette jeune femme dont le couple est en difficulté. Nombreux sont ceux qui hésitent ou refusent de parler de sexualité de peur de paraître ridicules, d'être critiqués par leur partenaire et, souvent pour les femmes, par crainte de faire disparaître la spontanéité sexuelle, sous l'argument du naturel : « Le sexe, c'est naturel, il n'y a pas besoin d'en parler, ça se fait tout seul. »

Si c'était naturel, la réalisation amoureuse ne serait pas aussi difficile. En fait, beaucoup de couples en difficulté sont aussi des couples qui ne parlent jamais de sexe ; en revanche, les amants très expérimentés se donnent des indications verbales précises et directes pour mieux jouir de cette sensualité à deux. Il ne faut donc pas avoir de complexe et oser parler du sexe, de ce que l'on aime et de ce que l'on refuse, de ce qui gêne, des fantasmes personnels, donner des indications à son partenaire pour qu'il soit aussi proche que possible de ce que l'on désire au lieu de rêver d'une intuitivité totale, d'une connivence imaginaire qui ferait que le partenaire agit ce que l'on désire sans qu'il soit besoin de le lui demander. Et surtout, évitez de penser que c'est un égoïste qui ne pense qu'à lui, si cela ne se passe pas comme prévu ! Vous risquez alors d'attendre longtemps.

Tous pervers

Cette affirmation a fait long feu. Elle date du début de la théorie freudienne et elle signifiait, dans la bouche des moralistes pudibonds qui la proféraient, que la libéralisation des mœurs était une déviation des pulsions « normales », ce qui est une définition exacte des perversions. Mais les temps ont changé.

En réalité, cette apostrophe est juste, nous avons tous été des êtres pervers polymorphes au sens de Freud, c'est-à-dire que nous avons tiré de la jouissance de nombreuses sources de plaisir, et ce dès notre plus petite enfance. Nourrisson, nous avons exploré le monde avec notre bouche et sucé tout ce qui passait à portée de nos lèvres, de nos mains, le sein et la peau de la mère, cette première femme dont nous avons tous joui. Ce formidable plaisir de la première année persistera toute la vie et nous jouissons toujours des baisers, du contact avec la bouche et de la prise de nourriture même si cela n'est plus directement en relation avec la mère. Puis, avec l'apprentissage de la propreté, le plaisir fut aussi de retenir les matières et de les libérer. Ce plaisir très primaire sera rarement conservé sauf chez quelques personnalités obsessionnelles qui en jouissent toujours à l'âge adulte. Enfin viendront peu à peu des excitations génitales, au fil de l'autonomie que nous avons acquise, et la jouissance trouvera place dans cette région du corps sans oblitérer les plaisirs antérieurs et la façon d'en jouir. Si à l'âge adulte nous sommes vraiment capables de jouir de toutes les sources de plaisir qui se présentent à nous, oui, nous sommes des pervers polymorphes au sens de Freud pour l'enfant. Le sens populaire appelle cela des jouisseurs de la vie. Toutefois, si cette jouissance devient systématique, obligatoire et focalisée sur un mode unique du plaisir avec une irrépressible compulsion à répéter ces actes, alors nous sommes pervers. Mais aujourd'hui le sens de ce terme n'est plus moral, c'est plutôt un diagnostic pathologique. La liberté sexuelle a cessé d'être systématiquement jugée comme perverse.

Le sexe est une mode

Cette idée fausse apparaît en filigrane des si nombreux articles, interviews ou débats au sujet de la sexualité. Car le sexe est un marché et il faut l'alimenter.

L'ouverture du discours sur la sexualité a permis une formidable évolution des mentalités que nous avons observée en quelques décennies. La presse, écrite et audiovisuelle, y a fortement contribué en déculpabilisant le sexe et en libérant les consciences. Mais la multiplication des sujets à connotation sexuelle, entraînée par ses forts taux d'audience, arrive aujourd'hui à banaliser certains d'entre eux, et non des moindres, pour des raisons secondaires que motivent des pulsions inconscientes. La banalisation de l'adultère, de l'échangisme, du voyeurisme, voire de certains abus sexuels, profite à ceux – souvent des hommes – qui veulent se déculpabiliser ou être déculpabilisés.

C'est ainsi que l'échangisme est aujourd'hui promu au rang de « nouveauté » comme une mode à laquelle tout couple de jeunes branchés doit naturellement adhérer sous peine de paraître « ringard ». « On s'fait une p'tite partie ce soir ? » Dans *Inventer le couple*, j'ai montré en quoi l'échangisme apparaissait comme un nouvel échange de femmes par des hommes désireux de changements[42]. Il n'a jamais aidé les couples à s'équilibrer, mais tend plutôt à leur déstabilisation. Et cette mode a été initiée, à l'insu de ceux qui la propagent aujourd'hui, par les tenants du marché international du sexe pour promouvoir des boîtes de nuit qui ne font guère que remplacer les maisons closes fermées depuis près de cinquante ans. Les nouveaux proxénètes sont certainement des hommes à personnalité perverse qui incitent leur partenaire à y participer et obligent à la répétition.

Si l'on continue à faire croire que le sexe est une mode, les personnalités fragiles seront les premières à en faire les frais, car on ne vit pas facilement des pulsions contre soi-même. Une seule règle en amour : n'acceptez de vivre que ce qui vous convient, en respectant tout autant le désir du partenaire. La mode SM (sadomasochiste) ne peut évidemment pas convenir à tous ; ni le bondage qui consiste à ligoter le partenaire en lui infligeant des postures destinées à créer de l'excitation ; ni le « mélangisme » sous prétexte que cela se passe en présence du conjoint ; encore moins le « gang bang » associant une femme et au moins cinq partenaires masculins...

Le masochisme, qui consiste à rechercher la souffrance et à accepter des situations d'humiliation et de déchéance, n'est pas non plus une mode mais une maladie avec une obligation de répéter ces scènes qui ne sont jouissives que pour celui ou celle qui est ainsi construit, mais qui procurent de profondes souffrances, voire des traumatismes insurmontables, pour celui ou celle que l'on contraint à cela ou qui croit le vivre volontairement.

Heureusement, il y a l'éducation sexuelle !

Devant les fréquentes difficultés de la réalisation sexuelle, les croyances erronées et l'absence d'une régulation naturelle qui nous permettrait de nous laisser aller spontanément afin que « tout » se passe bien, on peut se rassurer en disant que si le sexe doit être appris, heureusement, il y a l'éducation sexuelle !

Déception, autre mythe fortement ancré dans notre bonne conscience, et qui s'évanouit : l'éducation sexuelle n'existe pas ou plutôt, il n'y a pas, ou peu, d'éducation sexuelle aujourd'hui en France pour nos enfants ! Une véritable éducation sexuelle devrait les préparer à la relation amoureuse qu'ils seront amenés à vivre, leur permettre de comprendre leurs propres réactions et celles du partenaire, les libérer de l'angoisse de la première fois, des inquiétudes liées aux phases de l'amour...

Qu'est-ce que l'éducation sexuelle ? Est-ce une information sur la fécondité ? Une préparation à la vie amoureuse ? Une éducation à la vie familiale ? Un cours d'érotisme ? Les parents peuvent-ils être les acteurs de cette information ? Ou faut-il des éducateurs spécialisés ?

Ma réponse est très claire : il est nécessaire que des éducateurs permettent aux enfants et aux adolescents une réelle éducation à la sexualité, adaptée au niveau de développement qui est le leur, en complémentarité avec l'accompagnement des parents, mais il faut aussi que cette question ne se limite pas à un seul message d'information. Elle doit au contraire permettre aux jeunes adultes qui vont rencontrer la sexualité de connaître un épanouissement psychologique, affectif et social, tout en respectant les valeurs morales qui sont les leurs.

Cette éducation sexuelle s'est progressivement mise en place au cours du XXe siècle devant la nécessité qui se faisait sentir de préparer les préadolescents à l'évolution des mœurs. Comme pour toutes les révolutions silencieuses, elle s'est concrétisée lors des phases plus aiguës de cette évolution et au décours des grandes crises. En France, quatre heures d'éducation sexuelle ont été instaurées dans deux moments critiques : en 1973, à la suite de la popularisation de la pilule contraceptive, la loi Fontanet instaura deux heures d'éducation sexuelle pour informer sur la sexualité, la reproduction, les cycles hormonaux et la physiologie sexuelle. En 1994, deux heures supplémentaires ont été ajoutées dans le cadre de la prévention du sida. Ces quatre heures d'éducation sexuelle pour tout le secondaire (!)

étaient plus ou moins dispensées aux élèves, en fonction de la motivation ou de la formation personnelle de l'enseignant. Car aucun enseignement ne préparait vraiment les professeurs de biologie à donner cette information. Ces quatre heures d'éducation sexuelle ont cependant été annulées en Conseil d'État, en août 1998, sous la plainte des associations familiales catholiques qui voyaient dans cet enseignement *a minima* un symbole menaçant ! Une preuve que l'éducation sexuelle peut paraître subversive.

L'importance des questions qui se posent aux adolescents en matière d'intimité et de sexualité nécessite cet accompagnement avec un objectif principal : permettre l'épanouissement personnel sans moralisation. Il faut pour cela que les éducateurs soient formés, que leur rôle apparaisse comme légitime et qu'il soit réellement complémentaire de celui des parents. Si les parents s'opposaient à une éducation sexuelle à l'école dans les années 1950, aujourd'hui tous reconnaissent qu'elle est indispensable, qu'ils ne peuvent pas l'assumer et que cela ne leur enlève aucune prérogative. Les rôles peuvent au contraire être répartis entre une information précise, objective et descriptive qui ne peut être le fait des parents et nécessite un tiers extérieur à la famille. Mais si les enseignants ne sont pas tous formés à cela, les parents ne le sont pas plus, et toutes les enquêtes sur l'éducation spontanée à la sexualité montrent la profonde inhibition de certains parents, la méconnaissance de certains autres, enfin, mais de façon minoritaire, le rôle très attentif de ces derniers. Et il est certain que les enfants qui ont eu une réelle éducation à la sexualité seront certainement mieux à même de la transmettre plus tard aux leurs.

Deux principes peuvent guider l'attitude parentale : le premier est de ne jamais éluder une question sur la sexualité. Le second est de ne jamais parler de sa propre sexualité.

Certains parents diront ainsi : « Mon fils ou ma fille ne m'a jamais posé de question sur la sexualité. » Or nous savons que tout enfant, dans sa curiosité à comprendre le monde et à comprendre le sexe, interroge ses proches et d'abord ses parents. Sa première question est souvent : « Comment fait-on les enfants ? » Puis : « Qu'est-ce qu'un zizi ? » « Pourquoi la fille n'en a pas ? » La réponse dépend de l'âge, de la sensibilité de chacun, des questions abordées spontanément par les enfants, du sexe de l'enfant ou de l'adolescent et de celui du parent qui lui répond. Si un parent a l'impression qu'un enfant ne lui a jamais rien demandé, c'est certainement que cet enfant a senti, dès sa première question, qu'il ne fallait pas parler de « ça ». De nombreux parents, gênés dans leurs rapports à la sexualité, ferment ainsi involontairement et inconsciemment la porte à toute question. L'enfant cherche alors une réponse ailleurs, parfois auprès de ses camarades, mais parfois aussi en lui-même dans des fantasmes et un imaginaire éloignés de la réalité.

Si le père, la mère ou les deux parents répondent librement, sans éluder aucune question, et dès la toute petite enfance, l'enfant se sent à l'aise dans un domaine qui lui devient naturel : « Puisqu'ils ont répondu à ma question, je vois que ça les intéresse, je vais pouvoir leur en poser une autre. » Ne pas éluder les questions et répondre chaleureusement sont les principes de ce premier point.

Le deuxième conseil est de parler librement de la sexualité sans jamais mentionner sa propre sexualité. Certains parents ont pu ainsi dire : « Tu sais, quand ton papa et moi nous nous sommes rencontrés... », « la première fois que nous avons fait l'amour... ». Ils font ainsi entrer l'enfant dans une dimension œdipienne, voire incestueuse, car ils le posent en voyeur de ses parents faisant l'amour. La liberté d'un père qui peut dire : « Tu sais, lorsque je draguais les filles et que je leur faisais l'amour… », n'est pas plus simple pour l'adolescent qui peut voir en son père un rival vis-à-vis des filles qu'il peut rencontrer et un rival dominant auquel il ne peut que se soumettre. La meilleure attitude, même pour un parent qui n'est pas à l'aise dans sa sexualité, c'est de délivrer un message très positif et valorisant qui donne de la sexualité une image épanouie : « Tu sais, la sexualité est une très belle chose que tu feras avec beaucoup de plaisir avec la personne de ton choix. » Un proche de la famille, ami ou parent un peu éloigné, un oncle ou une tante, peut alors plus facilement parler des détails de l'intimité qui n'engageront pas la dimension incestueuse du discours des parents sur leur propre sexualité.

L'éducation à la sexualité doit passer par des paroles chaleureuses et permissives afin de lever les interdits et les idées fausses, et de permettre à l'adolescent de vivre sans crainte ses pulsions avec le partenaire de son choix. Ce livre veut être un acteur de cet accompagnement. Il est en quelque sorte une éducation à la sexualité.

2

LE SEXE ET L'AMOUR

La relation entre amour et sexualité est plus complexe qu'il n'y paraît. Pour la tradition, on ne peut vivre le sexe sans amour, mais pour les esprits libérés, le sexe se passerait des sentiments. On connaît tous les intermédiaires entre le sexe et l'amour, des amoureux sans sexualité, des amants qui ne s'aiment pas et vivent un lien physique intense, un acte mécanique et impersonnel entre partenaires qui s'aiment profondément, une relation seulement physique qui se transforme en amour... Ces deux dimensions, l'érotisme physique et l'attachement sentimental, sont suffisamment spécifiques des humains pour qu'ils en aient cultivé toutes les combinaisons.

Sommes-nous tous des bêtes ? Bien sûr que non ! répondent en chœur les humains. La biologie de l'amour est cependant une réalité qui n'amoindrit en rien la profonde originalité de notre sexualité. Mais à trop vouloir ne considérer que nos pulsions psychiques dans l'amour, ce qui est une tendance de la psychologie, nous risquons de ne plus rien y comprendre. L'homme n'est pas un peu animal et beaucoup humain, ni l'inverse, il est 100 % animal et 100 %

humain ! La biologie agit en nous autant que notre culture et notre histoire personnelle qui lui sont intimement mêlées. Et certains mécanismes biologiques sont faussement attribués à la psychologie, ou inversement. La part entre nature et culture est souvent difficile à faire, il y a beaucoup d'idées fausses, je ne me suis attaché ici qu'aux grandes questions qui nécessitent d'être éclaircies.

Une idée fausse largement répandue en matière de sexualité est de ne considérer qu'un facteur explicatif, responsable de tout, un « tout dans la tête » ou « tout dans le corps ». Le grand progrès que nous avons fait, depuis près d'un siècle, est de comprendre que la sexualité est un objet très complexe qui tire son explication en même temps de plusieurs dimensions, biologique, psychologique, relationnelle, sociale... et qu'il est vain de la comprendre autour d'un seul principe. Le « tout biologique » expliquant l'amour par des hormones est en échec, il ne permet pas de comprendre la complexité de la relation humaine. Il en va de même pour le « tout psychologique » qui ne reconnaît qu'un principe à l'amour : le désir. C'est une composante essentielle de la psychologie individuelle, mais elle ne résume pas à elle seule la relation entre les partenaires ni la biologie sexuelle. Le sexe n'est pas dans la tête ou dans le corps, il est un mode de vie.

La saison des amours

Dans l'Égypte ancienne, chaque année au printemps, on célébrait le culte du taureau sacré, Apis, le dieu de Memphis, qui était mené en procession dans les rues de la ville où il était fêté par les prêtres et la population. Apis était le plus beau des taureaux, un animal noir qui portait une marque triangulaire sur le front. Il était choisi par un comité d'experts pour la taille exceptionnelle de son sexe, symbolisant la puissance fécondatrice de la nature. Comme tous les grands rites phalliques, le culte d'Apis se déroulait au printemps, en pleine saison des amours. Toutes les fêtes en l'honneur du phallus et du principe de fécondité ont laissé de grandes traces dans l'histoire. Souvenons-nous des Bacchanales et des Dionysies, ces fêtes de débauches et d'orgies, grecques puis romaines, en l'honneur de Bacchus et de Dionysos où l'on adorait des phallus de taille gigantesque. Rappelons-nous aussi les fêtes champêtres, aujourd'hui oubliées, qui se déroulaient dans nos campagnes et qui étaient destinées à féconder les récoltes. On peut encore penser à la passion du Christ qui se situe exactement à la même période et symbolise la mort puis la renaissance du « fils de Dieu », en lieu et place des fêtes phalliques de l'Antiquité qui célébraient la renaissance de la nature et de la vie après la période hivernale. On n'invente rien, on reproduit sur les mêmes modèles.

Si l'activité amoureuse de l'homme ne connaît plus de pause au cours de l'année, comme chez les animaux, on doit tout de même remarquer que certains rythmes annuels semblent persister. Les démographes le savent lorsqu'ils observent un pic hivernal de mortalité, en janvier-février, et à l'opposé un pic de natalité au mois de mai, correspondant à une recrudescence de l'amour au mois d'août de l'année précédente. On peut trouver toutes sortes d'explications à ces variations annuelles comme la moindre résistance des personnes âgées aux conditions rigoureuses de l'hiver pour la mortalité et les congés annuels pour le pic de natalité ! Tout cela est exact, mais il semble surtout que la culture renforce la tendance naturelle. En effet, le taux des hormones sexuelles circulant dans le sang varie au cours de l'année en relation directe avec les modifications de l'environnement. C'est la très célèbre expérience du canard de laboratoire, espèce ô combien protégée ! que l'on soumet à un ensoleillement artificiel intense et dont les testicules doublent de taille en quelques jours. Ce réflexe opto-sexuel confirme que la lumière a une influence directe sur l'humeur, le moral et la libido. Les hormones sexuelles de l'homme, les androgènes et la testostérone, augmentent leur taux sanguin au cours du printemps avec un pic au mois d'août, moment de l'ensoleillement maximum. Et c'est l'hypothalamus, situé au centre du cerveau, sous le cortex, au carrefour des circuits de l'automatisme nerveux et des fonctions végétatives, qui envoie ses hormones vers le corps par l'intermédiaire de l'hypophyse. Elles provoquent, chez l'homme, la sécrétion de testostérone et la fabrication de spermatozoïdes ; et chez la femme, la sécrétion des hormones féminines, mais aussi, en faible proportion, de la même testostérone, qui est paradoxalement l'hormone du désir chez les deux sexes.

Cette variation saisonnière des hormones sexuelles n'est cependant pas synchrone entre les hommes et les femmes : si les hommes connaissent l'apogée du désir au mois d'août, les neurohormones féminines s'épanouissent de janvier à juin avec un pic maximum au mois de mars, au lendemain de la Saint-Valentin, puis diminuent de juin à décembre[1] ; les femmes, quant à elles, semblant avoir plus de désir d'octobre à février. Mais le modèle est encore plus complexe quand on pense qu'il existe également des variations individuelles en fonction des événements de vie. Quelles que soient les raisons de ce « décalage » des cycles entre hommes et femmes, un conseil à la gent masculine : chacun selon sa culture peut être attentif aux rythmes de l'autre et, par exemple, aux pulsions amoureuses de la fin de l'hiver et du début du printemps, sous peine de se faire taxer d'égoïste !

Le rythme amoureux

« Je ne suis pas coincée, j'aime faire l'amour, mais lui, il veut tout le temps. À force, j'ai moins envie, et maintenant on ne le fait presque plus. »

C'est l'histoire la plus fréquente des consultations de sexologie, celle du couple où l'homme est trop désirant et la femme hyposexuelle. Rarement voit-on le profil inverse, celui d'une femme très désirante frustrée de la faible libido de son mari, que d'autres générations auraient appelée « nymphomane » à une époque où l'on assignait à la femme un rôle passif. Nous avons alors l'habitude de dire que « trop de désir tue le désir ». C'est la dimension relationnelle de cette asymétrie aujourd'hui exprimée dans les mots : « Tu me mets trop la pression. » Au-delà du conflit conjugal qui s'ensuit, il semble exister une réalité biologique, une asymétrie des pulsions ou plutôt du rythme de la pulsion sexuelle.

Le premier argument de cette asymétrie sexuelle du désir ressort des nombreuses enquêtes scientifiques sur la sexualité qui ont été réalisées dans chaque pays et à plusieurs reprises depuis plus de cinquante ans, c'est-à-dire depuis le premier rapport sur la sexualité, celui d'Alfred Kinsey en 1948. Il est certain que des facteurs culturels inter-agissent dans ces sondages et notamment la faible liberté qui était alors accordée aux femmes. Malgré cela, on observe constamment, quel que soit le pays, l'époque ou l'âge des sujets, une très forte asymétrie entre hommes et femmes pour le nombre de partenaires au cours de la vie (en moyenne 11 pour les hommes, 3,3 pour les femmes dans l'enquête Spira, en France, en 1992)[2] et pour la fréquence désirée des rapports sexuels (25 % des hommes mais seulement 14 % des femmes votent pour « au moins une fois par jour »).

Les autres arguments mettent l'accent sur une plus facile ou plus grande dissociation de l'amour physique et de l'amour sentiment pour les hommes. Cela peut être également un effet de la culture qui a longtemps autorisé les hommes à avoir des relations extérieures à leur couple (prostitution, adultère) tandis qu'elle réprimait très fortement les écarts féminins. Cette différence peut également témoigner de notre origine biologique : nous descendons certainement d'un ancêtre polygame dans le groupe des primates dont témoignent toutes les cultures traditionnelles humaines[3]. Selon cette hypothèse, cela traduirait la persistance de nos habitudes biologiques, habitudes dont on ne se défait pas si facilement, mais avec lesquelles il faut évidemment composer pour inventer le couple humain monogame que nous désirons.

Cet argument ne doit pas être un alibi, et si le mâle de l'espèce humaine vit une pulsion permanente à l'accouplement (chaque homme ferait l'amour tous les jours de toute sa vie), il n'en va pas de même pour la femelle qui connaît des variations mensuelles de son désir d'amour. Chaque mois, au quatorzième jour du cycle, la brusque sécrétion des hormones stimulines féminines (FSH et LH) déclenche l'ovulation et provoque une intensification du désir sexuel, certainement destinée dans la nature à augmenter les chances de succès d'une fécondation. Beaucoup de femmes ont ainsi conscience des fluctuations de leur désir, mais elles le décrivent souvent comme une baisse de la libido en début de cycle. On remarque toujours plus le manque que l'excès en matière de désir. D'autres sont paradoxalement plus excitées et désirantes avant et pendant les règles, ce qui montre que la cause est plus complexe que la seule sécrétion d'une hormone. Chez certaines enfin, le cycle mensuel de la libido s'accompagne d'une courte « déprime » qui peut parfois entretenir une dépression chronique chez une femme ayant eu des antécédents d'épisodes dépressifs. Un rééquilibrage hormonal plutôt qu'un traitement pour dépression est souvent suffisant pour rétablir le moral.

Il existe enfin un dernier rythme de l'amour : le rythme circadien, c'est-à-dire sur une durée de vingt-quatre heures. Il dépend de la sécrétion des catécholamines, des hormones comme la noradrénaline, qui stimulent la commande du plaisir située dans le système limbique, le cerveau émotionnel. Cette sécrétion est à son maximum en fin de nuit, ce qui peut légitimer l'amour du petit matin, surtout recherché par les hommes.

À l'opposé de ce rythme matinal, l'émotivité et la tendresse sont à leur maximum en fin d'après-midi[4]. C'est peut-être l'explication de l'amour 5 à 7, quand la vie quotidienne le permet !

Les rythmes biologiques sont une part de nos déterminismes amoureux, car nous vivons biologiquement notre culture, mais ils ne sont pas l'entière explication d'un phénomène, l'amour, qui nous échappera toujours.

Eros Center

L'érotisme est-il inné ? Certaines personnes sont-elles faites pour l'amour et d'autres pas ? Cette dimension très humaine de la sexualité que représente l'érotisme nécessite un mécanisme complexe génétiquement programmé qui conduit les informations des organes des sens jusqu'au cerveau, un apprentissage de ce système perceptif et une éducation à la sensibilité. C'est l'exemple même d'une intégration de la biologie et de la culture.

À la naissance, tous les petits humains sont équipés de cette potentialité sensorielle qui n'est cependant pas encore définitivement câblée avec le cerveau. C'est de l'interaction de ce petit être à peine né et de son environnement, physique, relationnel et affectif, que résulte ce que j'appelle « la naissance sensorielle du corps[5] ». Le système nerveux du nouveau-né est en quelque sorte « vierge ». Ses neurones sont connectés à la périphérie mais ils ne sont pas programmés et rien n'est encore organisé dans les centres nerveux qui reçoivent les messages sensoriels. Si, par exemple, le cerveau visuel ne reçoit aucun message de l'extérieur (lorsque le bébé a une cataracte congénitale), l'enfant est alors aveugle pour la vie : le cerveau croit qu'aucun message ne vient de l'œil. Ce sont en effet les messages sensoriels qui programment le cerveau et le modèlent selon leur contenu. La sensibilité de la peau et du corps tout entier se met ainsi en place au fil des jours à travers le toucher de ce corps nouveau-né par la mère. Cette « naissance sensorielle du corps » dépend de la qualité des interactions de l'enfant et de ses proches.

Dès la naissance, les mains de la mère parcourent le corps du bébé et lui procurent ses premières sensations. Chaque cellule du cerveau sensoriel reçoit un message de caresse d'un bras, du ventre, d'une jambe… le corps s'éveille à la vie. C'est de l'ensemble de ces messages que la vie et la sexualité vont se nourrir. L'épanouissement corporel devient ainsi un préalable indispensable au vécu de la sexualité.

Et la mère marque fortement le bébé d'une empreinte précoce, distincte selon le sexe. Son toucher est différent envers un bébé garçon et un bébé fille. À son insu, elle organise déjà un corps sexué qui reflète ses préférences et sa conception des rapports entre les hommes et les femmes. L'érotisation du corps du nouveau-né par la mère est une réalité qui procède de sa propre conscience corporelle, de sa liberté sensorielle, de sa capacité amoureuse, de sa conception physique et affective des relations intimes. Notre toucher nous ressemble et le tout nouveau-né est à l'image de la sensualité de sa mère.

La naissance du sexe

Si la mère touche largement le corps de son bébé, elle n'en touche pas le sexe, ou du moins pas de la même façon que les autres régions de son corps. Elle le fait « à distance », avec un coton pour en faire la toilette, toujours dans un but d'hygiène. Avec pudeur, gêne, indifférence ou liberté selon son équilibre avec elle-même et son intimité. Car aucun adulte ne touche la région sexuelle avec neutralité. Ses gestes traduisent l'entière dimension de sa personne, les traits de son caractère et son vécu le plus intime. Enfin, le sexe n'est pas fait pour être touché autrement que pour la toilette et quand le bébé est encore petit. Cette région lui appartient, c'est lui qui doit en prendre possession. Il faut lui apprendre précocement à en prendre soin intimement, comme du reste de son corps.

La naissance sensorielle du sexe suit la même logique : le toucher de l'enfant par lui-même procure des sensations qui vont faire vivre cette région dès les premiers mois de la vie.

Selon le climat relationnel dans lequel elles apparaissent, les premières expériences sensibles organisent la gamme du plaisir et de la douleur. Telle sensation contemporaine d'un sourire de la mère est stockée en mémoire comme « bonne », telle autre, associée à un geste réprobateur ou une parole négative, est mémorisée comme « mauvaise » et évitée à l'avenir. Nous ne conservons en mémoire que les impressions associées à un sentiment ou à une émotion, c'est la destinée de la mémoire que de nous permettre de faire expérience de ce que nous avons vécu. L'accompagnement des parents et l'encouragement à ressentir du plaisir sont primordiaux pour permettre à l'enfant de vivre ce plaisir sans culpabilité.

Dans la mémoire préprogrammée de notre corps, il existe différents types de messages, des messages sensoriels « tout-venant » qui peuvent être utilisés par la fonction de plaisir, si elle existe dans l'environnement ou dans l'éducation, et des messages particuliers venant des fibres nerveuses connectées à des cellules sensorielles spéciales qui délivrent des sensations de plaisir dans les zones érogènes : les corpuscules de volupté.

L'enfant comprend très vite que certaines zones de son corps lui procurent des sensations très différentes du simple toucher, qu'elles sont excitables et donnent du plaisir.

Ces corpuscules sont abondants dans les zones érogènes primaires, régions du corps dont la stimulation déclenche des réactions d'excitation pouvant provoquer l'orgasme. Chez l'homme, il s'agit essentiellement du gland du pénis, ce qui peut permettre de comprendre que les hommes focalisent souvent toute leur attention sur la région génitale et pensent, naturellement, qu'il en va de même pour leur partenaire. Chez la femme, au contraire, l'ensemble de la zone vulvaire et clitoridienne constitue une zone primaire hyperexcitable, tout comme le pubis et les seins. Mais la distinction entre zone primaire et secondaire a moins de sens chez la femme, dont le corps entier peut être investi par la fonction érotique et participer au déclenchement orgasmique. C'est ce qui fait dire aux femmes, comme le chantait Édith Piaf : « Je t'ai dans la peau, mon légionnaire. » L'organe le plus développé, le plus étendu, c'est la peau, « ce qu'il y a de plus profond en nous », rappelait Paul Valéry.

Dans notre culture pudibonde qui a longtemps réduit la sexualité à l'accouplement et au coït génital, l'importance des caresses et du contact corporel a été très sous-estimée. C'est pourquoi cette sensualité manque souvent aux couples en difficulté et que les massages corporels sont pour eux une voie de redécouverte de l'érotisme. Certains, et surtout certaines, sont sensibles aux caresses cutanées, d'autres y prêtent peu attention, ce qui est la plupart du temps lié à leur éducation. Une mère sensible caresse son enfant avec volupté et lui transmet un savoir-ressentir qui traduit sa propre sensibilité.

En dehors des zones génitales, la bouche, les lèvres et la langue, qui constituent un substitut du sexe pour les pré-adolescents, ont un fort pouvoir érogène. Le baiser, qui est une métaphore du coït, est lui aussi un important facteur d'excitation sexuelle comme le sont la région de l'aine, les aisselles ou l'anus. Les seins et les fesses sont enfin les deux grands attracteurs de l'amour. Ces deux proéminences se ressemblent étrangement au point que l'éthologue Desmond Morris a pu dire que les seins étaient des fesses « par-devant[6] » ! Il rappelait tout d'abord que les fesses constituent le premier signal d'excitation visuelle, pour les hommes comme pour les femmes, certainement conditionnés par des millénaires d'accouplements en position postérieure, et que le développement des seins chez les humains qui s'accouplent face à face n'était qu'une transposition de ce signal très archaïque inscrit dans la mémoire des mâles, à qui il faut des seins, par-devant ou par-derrière, pour être excités !

Besoin masculin

« Elle a moins de désir que moi et ça nous pose un problème, parce que moi, j'ai un besoin sexuel très fort. » Cette phrase, je ne l'ai jamais entendue que dans la bouche d'un homme ou dans celle de son épouse, refoulant sa culpabilité pour justifier l'acceptation d'une sexualité non désirée par ces mots : « Je sais bien, c'est difficile pour moi qui n'ai pas de désir, mais c'est normal que j'accepte car il en a besoin ! »

Certains appellent cela l'« appétit sexuel », mettant ainsi abusivement le sexe au rang des besoins de l'organisme comme la faim, la soif, alors qu'il constitue plutôt une modalité psychique et relationnelle dont l'homme peut, plus ou moins, s'affranchir. L'utilisation de termes comme « boulimie sexuelle » pour qualifier un comportement insatiable et addictif au sexe, renforce encore cette fausse idée que le sexe est un besoin, en faisant l'amalgame du sexe et du besoin alimentaire.

Y a-t-il donc une norme en matière de désir sexuel qui ferait prétendre à un besoin, comme à une nécessité corporelle ? Rien n'a été montré de tel en matière de biologie sexuelle. Certains font l'amour tous les jours, d'autres rarement ou même pas une seule fois dans leur vie. Ils n'en ont aucune conséquence maladive dans leur corps sinon parfois, une progressive diminution des hormones sexuelles qui ne sont plus sécrétées, car plus nécessaires et qui font défaut si, un jour, le sujet décide d'avoir à nouveau une sexualité. Il existe bien sûr une biologie des pulsions qui permet l'accomplissement sexuel par le moyen, chez l'homme, de la testostérone. Mais il n'existe aucune corrélation entre un fort taux de testostérone et une intense activité sexuelle. En revanche, l'absence de cette hormone empêche toute sexualité. Mais en définitive pas de nécessité impérieuse à l'accouplement.

Si le sexe n'est pas un besoin, au sens des besoins vitaux, d'où vient cette impression de manque dont parlent en général les hommes ? Elle est en réalité l'expression des désirs frustrés et de leur difficulté à accepter la frustration. Dans la même situation, d'autres hommes le vivent différemment, il s'agit donc d'un problème personnel qui prend ou non de l'importance selon l'attitude de la partenaire, son acceptation, son refus, sa soumission ou son intransigeance. Mais il n'y a aucune raison, pour une femme, d'accepter la forte pression d'un désir insatiable sous le faux prétexte du « besoin sexuel », si cette sexualité n'est pas désirée. Il ne faut pas tomber non plus dans l'excès inverse – qui n'est pas rare – de la frustration sadique des désirs masculins, comme une vengeance des conflits non résolus dans le couple. L'amour est une affaire de désir et non de besoin. Les humains ont la chance d'avoir pour eux le langage et il faut parler des désirs, des frustrations et de l'accompagnement que le conjoint peut leur offrir, pour éviter de se quereller en termes de besoins.

Désir féminin

Si l'on poursuit la caricature, en face du « besoin masculin » se dresse le désir féminin. Et les femmes n'ont aucun doute sur la nature de leur pulsion : c'est un désir. Celles qui ne le connaissent pas le disent de la même façon : « Je n'ai pas de désir. »

C'est une représentation psychique de la pulsion érotique, un produit de l'imaginaire et, pour la femme, il fait référence à un monde intérieur très riche. Si l'homme réagit plus aux messages de l'environnement et aux sources d'excitation extérieures, la femme vit au rythme de ses images intérieures qui conditionnent le niveau du désir. Cette différence entre les sexes est souvent une source de malentendu, lorsque l'homme ne comprend pas que sa partenaire ne soit pas désirante alors qu'il l'est et que les sources d'excitation lui semblent suffisantes. Mais il est tout aussi surpris de la sentir désirante « sans raison » pour lui, alors qu'apparemment rien ne lui paraît source d'excitation. Les conditions mentales du désir féminin sont plus personnelles et moins évidentes que pour l'homme.

Le désir féminin apparaît ainsi très capricieux, insaisissable, voire incompréhensible pour les hommes, mais également aux yeux de certaines femmes qui se connaissent peu et ne sont pas libres avec elles-mêmes. Elles sont alors surprises des variations de leur désir : « Je ne comprends pas quand il vient ou quand il disparaît. J'ai l'impression que c'est après mes règles. C'est aussi quand j'ai des soucis... » Ou encore : « Je suis l'otage de mon désir qui va et qui vient. La plupart du temps je refuse à mon mari, et quand il ne peut pas, bien souvent, j'ai envie, mais je n'ose pas lui dire. »

Le désir sexuel est l'expression de la disponibilité psychique qui suit les variations de l'humeur, c'est-à-dire de la confiance en soi et de la liberté de l'esprit qui s'accommodent mal des querelles, des traumatismes, des conflits non résolus. Il nécessite donc une bonne connaissance de soi et une lucidité des relations avec les autres. Dans cette mesure, le désir n'est pas capricieux, il est un allié de la femme dans la relation qu'elle désire avec l'homme de son choix. Si le désir est capricieux ou s'oppose à la relation intime tant désirée, il faut s'interroger et dépasser les conflits inconscients avec un psychothérapeute lorsqu'on ne peut les résoudre soi-même.

La voie du plaisir

Le caractère involontaire des réactions sexuelles n'étonne que peu les hommes qui se sont habitués à une séquence automatique et assez stéréotypée de l'acte sexuel, mais il peut surprendre une jeune femme qui apprend à se connaître. Car les modifications génitales et corporelles qui se produisent au cours de l'excitation, puis lors du rapport sexuel sont en effet nombreuses, intenses et parfois surprenantes ou même bouleversantes, lorsqu'elles surviennent pour la première fois, avec la réelle sensation d'une progression intérieure des sensations dont la femme est l'observatrice : « C'est comme un long chemin qui s'ouvre progressivement devant moi », racontent certaines. C'est la voie du plaisir et de l'orgasme.

Quand William Masters, qui était professeur de gynécologie à l'Université de Saint Louis dans le Missouri, a commencé son travail d'observation du coït humain, il s'est très vite aperçu, en tant qu'homme, qu'il ne pouvait pas comprendre seul la physiologie féminine et la relation homme-femme. Tel fut son trait de génie, car auparavant seuls des hommes avaient tenté de comprendre la sexualité féminine et les femmes ne se reconnaissaient pas dans leurs propos. Virginia Johnson était psychologue avant de devenir son épouse. C'est certainement grâce à la complémentarité de leurs deux sensibilités, masculine et féminine, qu'ils ont pu mener à bien cette étude capitale. Pour la première fois dans l'histoire de l'humanité, ce n'était plus des hommes qui pensaient la sexualité féminine, mais un couple d'un homme et d'une femme alliant leurs compétences scientifiques et leurs sensibilités différentes, qui tentait de comprendre les mystères de l'amour.

Les réactions masculines semblent plus évidentes car elles sont externes et visibles. Elles ne sont cependant pas toujours connues ou comprises des hommes eux-mêmes ni de leurs partenaires. Il s'agit de réactions physiologiques automatiques et donc indépendantes de la volonté. Pour l'homme et pour la femme, on distingue trois phases dans la réponse sexuelle : la phase d'excitation ; une phase dite de « plateau » car elle correspond au maintien de l'excitation sexuelle pendant un temps variable selon les couples, selon l'humeur, selon le moment ; enfin une phase de résolution qui suit l'orgasme. Au cours de la phase d'excitation, chez l'homme, les muscles se tendent et se contractent de façon spasmodique, certains présentent une rougeur sexuelle du ventre à la poitrine, vers le cou et le visage, pouvant parfois ressembler à une éruption de rougeole. Ce n'est pas pathologique, ce n'est pas une maladie ! C'est le témoin des profonds changements vasculaires qui se produisent dans tout le corps. Parfois aussi, on observe une érection des mamelons. La respiration, le rythme cardiaque et la tension artérielle augmentent tandis que le pénis est très rapidement en érection et que le gland change de couleur, devenant rouge violacé sous l'effet de la pression sanguine[7]. L'éjaculation est violente, elle expulse le sperme par saccades et certains hommes présentent alors une intense réaction de transpiration : de la paume des mains, de la plante des pieds, mais souvent beaucoup plus étendue au torse, au visage, qu'il y ait eu ou non un grand effort physique.

Cette physiologie est importante à connaître car elle peut éviter de culpabiliser le partenaire pour des réactions naturelles, comme la transpiration involontaire de l'orgasme que le sujet ne peut éviter et qui témoigne d'un ressenti intense du plaisir. Une preuve d'amour en quelque sorte !

Qu'est-ce que l'orgasme ?

Le cycle sexuel de la femme est beaucoup plus complexe car moins systématique. Certaines réactions sont communes à toutes les femmes mais d'autres leur sont très personnelles. Il n'y a pas *un* type féminin, mais autant de réactions que de femmes qui doivent apprendre à se connaître ou à reconnaître ce qu'elles ressentent. C'est ainsi qu'elles deviennent femmes. Cette courte synthèse est faite à leur intention.

Au cours de la phase d'excitation, qui est extrêmement variable en fonction de l'expérience personnelle, de la connaissance de soi, de la disponibilité du moment, de l'humeur ou du moral, de très nombreuses modifications vont intervenir. Comme chez l'homme, les réactions qui surviennent en dehors de la région génitale sont intenses, rougeur cutanée et vasodilatation en profondeur. Les seins gonflent progressivement et le mamelon vient en érection. Dans la phase de plateau, les aréoles rougissent et donnent l'impression de s'élargir. Les réactions de rougeurs sexuelles sont très variables, parfois seulement au visage, parfois étendues à tout le corps. La respiration s'accélère, le rythme cardiaque, la pression sanguine augmentent et certaines femmes, comme les hommes, se sentent couvertes d'une mince pellicule de sueur après l'orgasme.

Au niveau génital, les modifications sont essentiellement dues à l'engorgement de sang qui gonfle toute la région sexuelle. Les petites lèvres surtout, ces nymphes qui protègent l'entrée du vagin d'une sorte de voile nuptial, augmentent nettement de volume jusqu'à deux et trois fois leur taille initiale, ce qui permet un allongement artificiel du canal vaginal. Les nymphes prolongent le vagin et enveloppent la base du pénis au cours du coït. La stase sanguine produit alors un net changement de couleur de toute cette région : les petites lèvres paraissant souvent roses, parfois même rose vif, au point qu'on leur donne le nom de « peau sexuelle ». Masters et Johnson précisent même que c'est un indice suffisant pour prédire la survenue obligatoire de l'orgasme : « On n'a jamais observé aucune femme qui, ayant atteint les niveaux de tension sexuelle de la phase en plateau et subi le changement de couleur de la "peau sexuelle" n'ait pas ensuite atteint l'orgasme[8]. » Cette couleur diminue ensuite très rapidement, quelques secondes après l'orgasme. Certaines femmes en témoignent, elles disent ressentir une intense chaleur qui accompagne ce réflexe vasomoteur. On prend conscience ici, comme pour le pénis, de l'importance de l'afflux sanguin dans la région génitale pour permettre la montée de l'excitation féminine. Ce mécanisme n'est pas très éloigné de celui de l'érection masculine car la femme, tout comme l'homme, a des corps caverneux, à la différence près que ce « remplissage » ne se fait pas de façon réflexe et automatique, mais par un processus complexe qui implique le psychisme et les affects. On comprend ainsi, pour la femme, qu'il soit essentiel de n'avoir aucun frein psychologique envers l'amour ou le partenaire pour vivre harmonieusement sa sexualité.

Dès le début de l'excitation, la région du clitoris se transforme. Le clitoris est l'organe essentiel, dont le rôle est de servir de « récepteur et de transformateur des stimuli sexuels[9] ». C'est le foyer principal de l'orgasme, quel que soit le mode de stimulation. Sous l'excitation sexuelle, le gland du clitoris devient tumescent, le clitoris se tend puis se rétracte dans la phase en plateau et revient rapidement à sa position initiale après l'orgasme. Mais aucune réaction spécifique ne se passe à son niveau au moment de l'orgasme.

Dans le même temps de l'excitation puis de la phase en plateau, les glandes de Bartholin, situées dans les petites lèvres, sécrètent un mucus préparant à la pénétration. Mais celui-ci n'est pas suffisant, il est complété par une intense lubrification constituée d'une sorte de sudation interne de la paroi vaginale. Les modifications du vagin sont considérables, il se dilate, s'allonge, augmente en longueur et en largeur et modifie son élasticité, se préparant à accepter un pénis humain, quelle qu'en soit la taille. C'est ce que j'appelle l'« érection vaginale ». Au cours de la phase de plateau, le développement de la plate-forme orgasmique qui est le résultat de la forte tension et de l'engorgement de l'entrée du vagin, donne à l'homme la sensation d'un resserrement soudain. C'est un signe de la proche survenue de l'orgasme.

Qu'est-ce que l'orgasme féminin ? C'est une contraction involontaire du vagin qui se déroule d'une façon très particulière et toujours identique : c'est uniquement le tiers inférieur du vagin qui est animé de quelques contractions (trois à cinq contractions), survenant à huit secondes d'intervalle, et qui sont contemporaines d'une sensation de plaisir intense. Le vagin revient ensuite à sa forme initiale dans le même temps où la verge redevient flasque, s'il y a eu éjaculation. Cette physiologie, rarement décrite dans le détail, peut permettre à chacun, homme ou femme, de mieux se reconnaître dans les réactions de soi ou de l'autre, qui rythment le coït. Mais il ne faut pas devenir des obsessionnels de l'observation, ni à l'inverse, culpabiliser le partenaire. Le dialogue sur la sexualité est nécessairement un exercice de tendresse, pas de terrorisme anatomique !

La libido baisse avec l'âge

Cette idée fausse est soigneusement entretenue, tout d'abord par ceux qui la vivent et qui ne veulent pas être les seuls à « être des infirmes du sexe ». La réalité est tout autre, la libido n'a pas de raison biopsychologique de « baisser » avec l'âge. On observe au contraire un regain du désir sexuel chez les hommes et les femmes âgés, lorsqu'on leur explique qu'il n'y a pas de limite à leur désir. Cette idée fausse, largement répandue, fonctionne comme une prescription autoréalisante : « Puisque la libido baisse et qu'on me l'a dit, je dois m'y faire, je dois m'y résigner, mon manque d'entrain me le prouve, ce doit donc être vrai. »

Qu'il y ait des facteurs limitants de la sexualité, et non du désir, liés à des maladies elles-mêmes survenant à un certain âge, c'est incontestable. Les difficultés érectiles par exemple, qui surviennent en majorité après cinquante ans, sont en relation avec des affections survenant à ce moment de la vie (hypertension artérielle, diabète, dépression, etc.), mais elles ne sont pas directement liées à l'âge. Les hommes en très bonne santé physique et sans affection organique ni prise de médicament n'ont en général aucune difficulté sexuelle et aucune modification du désir jusqu'à un âge très avancé, si l'érotisation de leur couple est suffisante. On rencontre ainsi des couples de quatre-vingts ans ayant une activité régulière, plusieurs fois par semaine dans une jouissance naturelle.

Pour les femmes, il en va de même, avec parfois quelques aménagements intimes en raison par exemple de l'évolution du vagin qui nécessite une lubrification externe. Le vieux mythe de l'arrêt de la sexualité à la ménopause est aujourd'hui dépassé.

La question reste seulement posée de l'évolution du couple, car la baisse du désir ou le retrait de la sexualité de l'un des deux partenaires peut affecter l'autre et menacer l'équilibre du couple. Le maintien d'un niveau érotique constant est certainement le meilleur garant d'une sexualité mutuellement épanouie tout au long de la vie. Il n'y a toutefois pas de recette pour le couple longue durée.

La méconnaissance des quelques modifications qui surviennent avec le grand âge peut les faire passer pour des anomalies et provoquer un retrait de la sexualité alors qu'il ne s'agit que de l'évolution normale du fonctionnement corporel. Avec l'âge, la tension musculaire est différente, de même que la masse musculaire et les forces qui diminuent chez l'homme et la femme âgés. L'érection a tendance à être moins ferme bien que toujours constante et il faut généralement plus de temps et de stimulation à l'homme pour atteindre l'érection. C'est donc l'inquiétude et l'anxiété à propos des performances qui peuvent être un facteur limitant de la sexualité chez le sujet âgé lorsque ces modifications sont mal interprétées. Le simple conseil à donner est d'adapter la sexualité à l'âge et aux dispositions physiques du partenaire. Si la santé est bonne et que l'intérêt sexuel est conservé, il n'y a aucune raison pour que le plaisir s'atténue avec l'âge.

Le sexe, ça s'arrête un jour

Je ne peux pas répondre différemment de la question précédente. Aucune raison ne justifierait l'arrêt de la sexualité en dehors des empêchements mécaniques dus à la limitation de la fonction sexuelle par des maladies organiques ou psychiques. Ces affections ne représentent cependant pas une cause d'arrêt de la sexualité. Sexualité ne veut pas dire coït, ni simplement pénétration. La sexualité est faite d'amour et de tendresse, d'érotisme entre deux êtres qui ont choisi de partager cette intimité.

Trop d'hommes ou de femmes ont un jour arrêté la sexualité, d'une manière tacite, sans en parler à leur conjoint, qui se détourne alors et utilise autrement ses pulsions.

Or il n'y a aucune limite pour vivre cette intimité lorsqu'on veut la partager. Pour cela, si le dialogue avec le partenaire n'est pas suffisant, il ne faut pas hésiter à accepter les conseils d'un médecin ou d'un sexologue. Des patients infirmes, paralytiques ou diabétiques, c'est-à-dire sans réactions sexuelles, ou empêchés pour des raisons médicales d'avoir des réactions sexuelles, retrouvent une intimité pleine et entière avec le conjoint de leur choix en suivant les conseils d'un sexologue et lorsque l'intelligence et l'amour le permettent. Cela montre bien que rien ne s'oppose à la continuité d'une sexualité entre deux personnes qui s'aiment et se désirent, tout au long de leur vie.

Le fantasme est roi

Au même titre que l'enfant roi, on estime le fantasme « tout-puissant ». Il organiserait nos pulsions dans les moindres détails. Mais cela varie selon la définition que l'on donne au mot. Et les définitions sont nombreuses en fonction des écoles de pensée ou des théories sur le psychisme. Les philosophes, les psychologues et les représentants de nombreux courants de la psychanalyse ne s'entendent pas à ce sujet.

Seul point d'accord entre eux : l'étymologie du mot. Il vient de fantaisie et qualifie des pensées qui sont créées par l'imagination. Si l'on reste proche de cette origine, les fantasmes sont du domaine d'un imaginaire qui donne des fantaisies à la vie en permettant de la représenter autre qu'elle n'est. Pour certains, les fantasmes sont une sorte de jeu avec la réalité, pour d'autres ils ont une fonction dans le présent notamment pour les fantasmes sexuels dans l'activation érotique. Pour la psychanalyse freudienne, ils sont l'expression des conflits inconscients. Pour les jungiens, ils sont l'expression d'un imaginaire collectif et culturel. Chacun de ces points de vue est important, ils peuvent nous aider à la compréhension de la vie fantasmatique.

Pour la psychanalyse, le fantasme est « un scénario imaginaire où le sujet est présent et qui figure, de façon plus ou moins déformée, l'accomplissement d'un désir et en dernier ressort, d'un désir inconscient[10] ». Il peut se présenter à nous sous forme de rêve éveillé conscient ou de fantasme inconscient contenu dans les pensées. Les fantasmes se rattachent à de grands thèmes : on parle par exemple de fantasmes des origines (vie intra-utérine, scène originaire du rapport entre les parents, scènes infantiles de séduction, fantasme de castration chez le garçon, d'envie du pénis chez la fille). Ils correspondent à un système, théorisé à partir de l'expérience freudienne. D'autres études non psychanalytiques plus récentes sur les fantasmes[11] sont critiques de la théorie freudienne ; c'est le cas aussi de certains psychanalystes, notamment des femmes[12], en ce qui concerne les formes d'identité masculine et féminine. Les mentalités ont aujourd'hui beaucoup changé, les garçons vivent peut-être encore sous la menace du complexe de castration mais les petites filles, très tôt initiées à leur « espace intérieur », ne sont certainement pas blessées comme il y a un siècle selon l'hypothèse infantile les poussant à la recherche d'un pénis perdu. Elles cherchent plutôt comment jouir d'un pénis masculin au cours du coït, sans que ce soit obligatoirement leur pénis perdu. La vision freudienne a peut-être trop fortement mis l'accent sur la pathologie des fantasmes en parlant de sadisme, de castration, de masochisme et les fantasmes sexuels ont trop souvent été considérés comme pathologiques ou « déviants », s'ils ne concernaient pas l'acte conjugal hétérosexuel dit « normal ». C'était aussi la pensée d'une époque et Freud ne penserait certainement pas ainsi aujourd'hui. Cela ne doit pas ternir la fonction première du fantasme : transformer la réalité. Les fantasmes nous permettent de nous évader du quotidien, de dépasser les frustrations, de reprendre confiance en soi, de nous donner du plaisir, de stimuler le désir, en un mot de faire vraiment ce qui nous plaît, ce qui en général est rarement possible dans la vie de relation. Le fantasme est le moteur de la vie, si la vie n'empêche pas de rêver.

Les femmes ne fantasment pas

Encore un argument qui ferait de la femme un être inférieur à l'homme. C'est bien connu : les femmes ne fantasment pas, parce qu'elles ne jouissent pas ! Cette vieille idée fausse avait même été renforcée par un résultat du rapport Kinsey : les femmes auraient deux fois moins de fantasmes érotiques que les hommes, 31 % contre 69 %[13] ! Il s'agissait en fait d'une erreur de méthode, ce qui montre combien les observations un peu anciennes dépendent aussi des mentalités, qui ont évolué : dans la société américaine des années 1940, les femmes n'avaient pas droit aux fantasmes et une femme qui se respectait n'en parlait pas. C'est pourquoi elles n'en ont pas parlé à Kinsey ! Aujourd'hui, toutes les études nous montrent une très riche fantasmatique féminine, souvent plus riche que l'imaginaire masculin, car les femmes ont été déculpabilisées. Elles osent laisser venir leurs pensées intimes et même en parler. La grande majorité (94 %) des femmes interrogées par Claude Crépault et Georges Abraham déclarent avoir plus ou moins fréquemment recours à des images mentales lors de leurs relations hétérosexuelles[14]. Elles ne sont ni perverses ni pathologiques. Elles sont libres.

Plus largement, « je n'ai pas de fantasme » est une phrase que l'on entend souvent comme : « Moi, je ne rêve jamais. » Un peu comme si cet homme ou cette femme disait : « Je n'ai pas de psychisme. » Une part d'ailleurs réfute la psychologie, puisqu'il lui semble n'en avoir aucune preuve. Mais tout le monde a une conscience et donc un inconscient, c'est-à-dire une part de soi qui n'est pas accessible en permanence à la pensée par principe d'économie. Le quotidien serait bien dur à vivre si nous avions constamment à l'esprit nos difficultés de vie, les questions non résolues, nos interrogations de l'enfance… C'est malheureusement ce que vivent de nombreux sujets névrosés qui doivent faire face au retour permanent des problèmes refoulés.

Ne jamais rêver ou n'avoir pas de fantasmes témoigne plutôt d'une certaine maîtrise des processus psychiques, comme si je ne voulais rien laisser sortir, rien laisser paraître, ne pas m'abandonner à ce qui pourrait survenir... Cette attitude oscille entre la peur et le désir d'un monde inconnu, celui des pensées secrètes, des désirs profonds. Il s'agit souvent d'une question d'éducation, parfois de religion : celui qui aurait une pensée immorale serait en état de péché. « La culpabilité liée à ces images intérieures peut avoir été suffisante pour que je les aie refoulées depuis très longtemps. Alors, par habitude, je n'ai pas de fantasme. »

C'est aussi le cas de sujets obsessionnels trop ancrés dans la réalité matérielle ou qui mentalisent peu. Aucune image ne vient à leur esprit et il leur faut alors une réalité pour amorcer le désir, réalité du corps de l'autre impossible à fantasmer, ou réalité d'un accessoire. Le comportement fétichiste nécessite la présence d'un objet, d'un symbole, d'une situation, d'un sous-vêtement pour amorcer l'excitation car le fantasme est trop faible ou trop refoulé.

Et puis, les fantasmes sont chargés de pensées ou de résolutions de l'enfance. L'absence, comme le trop-plein de fantasmes peuvent révéler l'existence d'un traumatisme infantile occasionnant ce refoulement des pensées. Or le libre vécu de la sexualité s'accommode mal des pulsions refoulées qui s'opposent au désir et limitent la capacité à l'abandon et au plaisir. Un travail psychothérapique ou psychanalytique est en général indiqué lorsque ce refoulement gène le vécu sexuel.

L'absence de fantasmes s'accompagne souvent d'une difficulté au laisser-aller, au lâcher prise, ce qui est toujours un frein à une libre sexualité. Les fantasmes existent, ils peuvent donc s'exprimer, si on accepte de les laisser venir à la conscience. On a imaginé de nombreuses méthodes, mais celle de la psychanalyse avec l'association libre est certainement la plus pertinente : accepter librement de laisser flotter son esprit, accepter les liens spontanés qui se font entre des idées même très éloignées. Ce n'est pas toujours facile, mais c'est formidablement riche d'expérience, que cela se fasse seul ou avec un témoin, le psychanalyste. Ce sont enfin les approches psychothérapiques en relaxation[15] ou en rêve éveillé qui permettent de lâcher prise sur la réalité de la vie et d'accepter de laisser venir à la conscience les fantasmes qui y flottent naturellement.

Le coup de foudre, ça n'existe pas !

« Le jeune était beau, d'une beauté tragique [...]. En une seconde, il devint pour moi l'"unique", l'unique objet de mon attention, l'occupation définitive de mon esprit [...]. Je me désertais de plus en plus [...]. Une mélancolie indicible s'empara de moi qui faillit devenir deux fois mortelle. » Le coup de foudre que Marcel Jouhandeau raconte dans *Les Plus Anciens Souvenirs*, possède tous les caractères de la rencontre hypnotique, il nous fait penser à l'attirance magique que procuraient les filtres d'amour dans les légendes médiévales. Il oscille entre passion et mélancolie. Ce qui fait dire à beaucoup que « le coup de foudre, ça n'existe pas ! », c'est qu'ils ne l'ont jamais vécu.

La plupart du temps, le coup de foudre est effectivement un mythe que chacun tente cependant d'approcher tant il représente l'idéal amoureux, l'attachement absolu et, d'une certaine façon, la prédestination qui pousse deux êtres l'un vers l'autre. « Quand je t'ai vue pour la première fois, je t'ai reconnue », dit André Breton dans *Nadja*. Cela n'est possible que si tu es inscrite déjà en moi, que tu fais partie de mon monde intérieur, de ma représentation. C'est pourquoi je peux te reconnaître. Je t'attendais depuis longtemps.

Cela nous fait penser à la notion d'empreinte sexuelle chez les éthologues. Des images fortes marquent notre petite enfance, d'abord l'empreinte maternelle qui attache de façon indélébile l'enfant à la présence permanente de la mère dans les premiers jours, puis une empreinte sexuelle faite de la rencontre précoce avec les premiers partenaires potentiels, symboliquement chez les humains, le parent de sexe opposé et différentes images marquantes de l'enfance. C'est ainsi que se forme une représentation idéale qui est parfois rencontrée en totalité.

Dans le « coup de foudre », la surprise est totale, elle fait instantanément passer dans un autre monde, changer de niveau de conscience, au point où ceux qui l'ont vécu disent qu'ils ne se reconnaissent pas. L'impression est en général visuelle et hypnotique : « Dès que je l'ai vu, j'ai été fascinée, je suis restée immobile comme un chat aveuglé par la lumière des phares. » C'est un éclair qui survient dans un ciel serein avec le caractère mystérieux, voire surnaturel, de l'inexplicable. Un révélateur magique a réveillé une profonde trace amoureuse qui devient réalité. C'est cette brusque irruption de l'empreinte amoureuse, enfouie depuis longtemps dans l'histoire du sujet, qui caractérise le « coup de foudre ». Mais par définition, la foudre ne dure qu'un instant, parfois suffisant pour changer la vie. Dans ce moment cathartique, certains – ou plutôt certaines, car le coup de foudre semble plutôt féminin – vont tout abandonner pour suivre l'être aimé, décider d'une vie en un instant.

Malheureusement – ou heureusement diront les êtres raisonnables ! –, le coup de foudre est rare. Certains voudront s'en persuader lorsque l'excitation est très forte pour élire l'être aimé au rang de seul et définitif. Pourtant l'amour passionnel et l'attachement progressif sont un merveilleux don de la nature qui permet un amour plus durable. « L'amour qui naît brusquement est le plus long à guérir », nous disait La Bruyère dans ses *Caractères*.

Il (elle) a un charme fou

Le charme est une impression forte qui émane de l'aspect physique, des façons de faire, des manières d'être. C'est encore une rencontre entre l'image extérieure et les représentations que nous nous faisons de l'être aimé.

L'origine du terme nous rappelle la magie des philtres d'amour et des jeteurs de sorts. L'amour déçu est si fréquent qu'il a fait naître des croyances et qu'il entretient des mythes guérisseurs : il suffirait d'un charme pour être aimé. Alors, des sorciers jettent un charme comme on jette un sort. En réalité, le charme est un élément très personnel de la séduction qui s'attache à une personne en particulier. C'est de la psychologie de l'amour et non de la magie.

Cette psychologie est parfois plus largement partagée lorsque le charme est un attribut de la mode, lorsqu'il fait partie des conventions sociales. L'image du séducteur est alors faite d'archétypes que tout le monde connaît, selon l'époque et aujourd'hui selon la mode. Les cheveux en sont le témoin, longs et défaits dans les années 1960, très courts par la suite, souples ou mis en plis selon le moment. Les attitudes, le regard, les gestes vers l'autre, et puis les qualités esthétiques vont attribuer du charme à tel ou telle. Le charme n'est donc pas un don du ciel mais plutôt une qualité personnelle qui ne vaut que pour celui ou celle qui est charmé.

Vivre d'amour et d'eau fraîche

Est-il possible de vivre d'amour et d'eau fraîche ? Oui, si l'on en croit l'expérience de tous ceux qui ont un jour été amoureux, c'est-à-dire presque tous ! La passion amoureuse transforme les êtres, modifie les habitudes et même le métabolisme et l'équilibre corporel. Dans le temps de l'amour, on voit des prodiges, des guérisons miraculeuses, des transformations corporelles souvent liées à la sécrétion d'endorphine provoquée par le bonheur et entraînant une euphorie qui diminue les besoins vitaux. On peut ainsi vivre d'amour et d'eau fraîche.

Martine, qui avait des migraines depuis de nombreuses années, découvre avec surprise qu'elles ont totalement disparu depuis qu'elle est amoureuse de Patrick. Et Caroline a perdu en quelques semaines les dix kilos dont elle s'évertuait à se débarrasser à coups de régimes inefficaces. L'« amour coupe-faim », c'est donc vrai, mais surtout chez ceux qui avaient auparavant une surcharge pondérale, car l'amour est certainement le meilleur régulateur psychosomatique. Le malheur est que l'on observe aussi l'effet inverse : le chagrin d'amour qui fait reprendre les dix kilos perdus. La solution : faire durer l'amour !

La jalousie amoureuse

Certains diront que cela n'existe pas : « Je t'aime, et je ne suis absolument pas jaloux(se). » D'autres soutiendront l'inverse : « Si on n'est pas jaloux, c'est qu'on n'aime pas. »

La jalousie se construit dans l'enfance, elle est liée à la rivalité amoureuse entre les frères et sœurs ou vis-à-vis du parent œdipien. L'enfant qui construit ses attachements a du mal à accepter la présence d'une tierce personne qui accompagne l'affection de l'autre, la compréhension et l'accompagnement des parents permettant en général d'accepter la présence d'un frère, d'une sœur ou du parent rival. Mais si cette compréhension n'est pas suffisante, l'enfant continuera à revendiquer l'exclusivité de l'affection des parents puis, une fois adulte, l'exclusivité du conjoint.

Cette attitude peut alors être insupportable aux proches dans la mesure où elle n'est pas en relation avec la situation vécue mais le fruit d'un imaginaire qui transforme la réalité. La personne devient possessive, agressive, c'est une marque de la faiblesse de sa personnalité qui se sent menacée et réagit par cette réaction de jalousie à une situation qui lui rappelle l'enfance.

Plus fréquente chez les femmes, la jalousie en amour est difficile à aider car il est difficile de raisonner un sujet jaloux. Il faut qu'il accepte de critiquer la réalité et d'engager une psychothérapie pour comprendre la valeur symbolique de son comportement.

L'amour s'accommode mal de la jalousie qui va à l'encontre de la liberté de relation à l'autre que nécessite la volupté. L'amour est plutôt synonyme de don que de possession. Le jaloux veut le partenaire pour soi, sans partage. Si la jalousie empêche l'autre de vivre et de s'épanouir, ce n'est pas de l'amour. Ou bien il faut redéfinir ce qu'est l'amour.

Complément érotique

Dimension humaine de la sexualité, l'érotisme peut être un ferment du couple si chacun trouve en l'autre son « complément érotique ».

En très peu de temps, l'érotisme a été réhabilité. Alors qu'on le considérait, il y a près d'un siècle, comme une perversion puis comme un libertinage, on a enfin compris qu'il était nécessaire à l'épanouissement sexuel et qu'il était au centre de la réussite conjugale. L'érotisme, coupable lorsqu'on ne parlait pas de sexe, est aujourd'hui devenu légitime. C'est un art de vivre à deux en suscitant et en entretenant le désir du partenaire. Cette tension du désir n'est pas uniquement sexuelle, elle touche tous les domaines de la vie de relation qui permettent une attention soutenue envers l'autre. Ainsi naît le désir, celui d'être ensemble, celui d'échanger, de partager, d'être intimes. La sexualité apparaît comme l'aboutissement de la tension érotique qui fait naître et entretient le désir.

Les moyens de l'érotisme sont innombrables et à la mesure de l'invention des deux partenaires. Inventer, c'est créer une nouveauté qui touche et surprend l'autre, donc qui entretient l'intérêt et le désir. Inventer est certainement le maître mot de l'érotisme. Et cette invention se donne tous les moyens pour susciter de l'attention, des gestes, des mots, des fantaisies. Cette invention est le témoin de l'intérêt porté à l'autre et de la capacité à comprendre le désir du partenaire. Je viens au-devant de désirs que tu n'as pas formulés, c'est-à-dire que je me représente ton imaginaire et t'accompagne au plus près de tes désirs.

La notion de « complément érotique » exprime la nécessité d'une écoute et d'une invention qui permettent la plénitude amoureuse du partenaire. L'idéal est certainement atteint lorsque chacun parvient à être le complément érotique de l'autre.

Doit-on réaliser tous ses fantasmes ?

Cette question est aujourd'hui très présente tant le sexe est à la une des médias dans une période d'interrogation sur les limites de l'évolution des mœurs et de la liberté sexuelle. Les avis ne sont cependant que d'une tendance, celle qui domine depuis l'après-68 : il est interdit d'interdire. Toute autre position est supposée moraliste ou réactionnaire. Je ne connais qu'une règle en la matière : l'expression libre des pulsions entre deux adultes consentants et dans la mesure où rien ne fait contrainte au partenaire. Cela exclut les faits de pédophilie ou de pseudo-pédérastie, qui ne se font pas entre adultes, et toutes les relations de contrainte, d'abus, d'emprise sur l'autre. Dès lors, la liberté peut être totale.

La réalisation du fantasme avec soi-même pose moins de difficultés, cela ne veut pas dire que le comportement ne peut pas être pathologique. Les fantasmes qui accompagnent la masturbation sont souvent des fantasmes de coït avec un partenaire réel, idéal ou imaginaire. Se remettre en situation, rêver d'un objet partiel stimulant, une fesse, un sein, le pénis, l'allure corporelle ou d'une image du corps du partenaire fantasmé, sa silhouette, la peau qui émerge des sous-vêtements...

Lorsque le fantasme emprunte des chemins très inhabituels, il y est contraint par un mécanisme pathologique. C'est le cas lorsque la masturbation n'est possible qu'avec un fantasme pédophile, sadique, ou zoophile, c'est-à-dire de relation avec un animal. Cela n'implique aucune contrainte à un partenaire, puisqu'il s'agit d'une sexualité avec soi-même, mais cela limite souvent la réalisation avec un partenaire. Un psychothérapeute peut certainement aider à ce qu'un tel fantasme ne soit plus la seule source d'excitation possible, aider à se libérer d'un système fermé.

La réalisation des fantasmes dans le couple pose immédiatement la question de l'acceptation sans contrainte par le ou la partenaire. Cette acceptation doit être réelle, c'est-à-dire consciente. Trop de femmes, par exemple, acceptent des comportements non désirés par amour, pour faire plaisir à leur partenaire ou encore parce que c'est « soi-disant » à la mode et pour ne pas paraître « ringardes ». Cela a souvent une répercussion sur leur économie intérieure et cela peut provoquer une baisse du désir et une désaffection de la sexualité. Parce que cela rappelle une expérience traumatique antérieure ou bien parce que cela vient réveiller de vieux principes oubliés.

L'accompagnement fantasmatique du rapport sexuel est une pratique fréquente, banale, normale : 75 % des femmes interrogées par Barbara Hariton[16] et 94 % par Claude Crépault[17], disent évoquer des fantasmes érotiques au cours de l'activité sexuelle. Peut-être un peu moins en ce qui concerne les hommes, qui trouvent plus dans la réalité du contact avec la partenaire les sources de leur excitation érotique. Mais deux choses bien distinctes sont l'évocation des fantasmes pour déclencher ou entretenir l'excitation et la réalisation des fantasmes dans le réel de la relation à deux.

Le champ de l'imagination érotique est illimité, il reflète la richesse et les ressources de l'esprit humain. Le fantasme stimulant n'est pas toujours directement d'ordre sexuel mais il permettra par association d'idées successives d'induire un état de disponibilité sexuelle. C'est l'évocation d'un moment privilégié, d'un lieu de mémoire, d'un moment idyllique, d'une croisière de luxe pour les uns, d'unc plage déserte pour les autres. Le fantasme peut aussi évoquer la relation amoureuse, l'amour romantique. Il est enfin directement lié à l'intimité et à la sexualité lorsqu'il représente des scènes érotiques, totales ou partielles, des fantaisies réelles ou imaginaires.

Nous ne savons pas dire si c'est l'excitation érotique qui induit tel ou tel type de fantasmes ou si c'est l'inverse. La plupart des hommes et des femmes qui en témoignent, constatent qu'ils surviennent simultanément et que le fantasme efficace se reproduit dans ses moindres détails, souvent lié à une activité érotique précise, car ils dépendent tous deux d'un fort degré d'excitation[18]. Claude Crépault donne au fantasme le rôle d'une zone érogène intrapsychique. De même que la stimulation de telle ou telle région corporelle augmente l'excitation, le réveil fantasmatique semble avoir le même effet.

Le fantasme le plus fréquent pour une femme est de revivre une relation sexuelle antérieure (79 %) ou de faire l'amour avec un autre partenaire. Viennent ensuite l'évocation d'un film érotique (71 %), l'image de la fellation et du cunnilingus (64 %), enfin des scènes romantiques de séduction (61 %). Moins fréquemment une relation avec plusieurs hommes et des fantasmes masochistes ou homosexuels[19].

Les fantasmes masculins sont plus hétérogènes. Le plus fréquent : faire l'amour avec plusieurs femmes (20 %), puis des relations avec une autre partenaire connue (9 %), avec des inconnues, des femmes exhibitionnistes ou en groupe (6 %), l'évocation d'une partie du corps féminin (6 %), d'une scène homosexuelle féminine (2 %), d'un épisode d'initiation sexuelle (2 %).

Ces fantasmes sont surtout évoqués lors de la phase préparatoire à l'excitation (36 %) ou en période préorgasmique (22 %). Ils contribuent à la survenue et au maintien de l'excitation. Ce ne sont pas des déviations des idées, c'est normal de fantasmer même avec le partenaire habituel, l'être aimé. Ce n'est pas non plus anormal de ne pas fantasmer. Chacun trouve un équilibre personnel entre ses pulsions et ses comportements si elle, ou il, se sent suffisamment libre avec soi et avec l'autre.

Mais faut-il réaliser tous ses fantasmes ? C'est une tout autre question que de les évoquer librement au cours d'une activité sexuelle qui se déroule différemment de cet imaginaire. On a l'habitude de dire que les fantasmes sont alors un réservoir du désir, une source d'énergie libidinale : « C'est parce que je fantasme une relation à plusieurs que je ne vivrai jamais, confie Didier, que je peux continuer à l'évoquer et que cela renforce mon désir dans l'amour avec ma compagne. » 55 % des hommes de l'étude de Crépault disent avoir eu l'occasion de réaliser au moins un de leurs fantasmes érotiques avec leur partenaire habituelle, 61 % d'avoir parlé de leurs fantasmes à la partenaire. Mais lorsqu'il s'agit de fantasmes rares, comme par exemple de sadomasochisme (8 % des hommes et 12 % des femmes de vingt à vingt-quatre ans[20]), la question du passage à l'acte se pose différemment, notamment pour l'acceptation de la partenaire. Des couples avec tendances réciproques sadique (désirer blesser) et masochiste (aimer avoir mal) peuvent se constituer, mais ils étaient déjà organisés comme cela dans leur psychisme auparavant. En dehors de ce schéma, il y a risque de violence envers l'autre.

Le risque vient surtout du fantasmeur qui se trouve gratifié et désire réaliser à nouveau le même fantasme. Cette compulsion, c'est-à-dire obligation de répétition, se nomme alors perversion. Et il n'y a aucune raison pour le partenaire d'accepter ce qui n'est pas désiré. Dans cette époque de « mode sexuelle » et de comportements libres, Willy Pasini parle de « perversion soft » que se permettent des couples qui ont des relations échangistes ou sadomasochistes à discrétion, c'est-à-dire sans que la pression de l'un soit une contrainte pour l'autre.

Et la tendresse...

La grande enquête de l'Inserm sur *Les Comportements sexuels en France* nous apprend que le premier fantasme des hommes et des femmes, bien avant les fantasmes à contenu directement sexuel, est celui d'« avoir des rapports sexuels avec des personnes tendres et romantiques[21] ».

La tendresse l'emporterait-elle sur le sexe ? Bien sûr, si l'on en croit différentes enquêtes d'opinion et le témoignage de nombreux patients et patientes qui confient leur désir le plus intime : être aimé par quelqu'un de tendre et d'attentionné. C'est une réalité qui disparaît souvent, dans les médias, devant la mise en avant du sexe. Or ce sont les sentiments qui attirent deux personnes l'une envers l'autre, ce sont les mots d'amour qui les rapprochent et tissent le lien intime, ce sont encore les sentiments et l'attention portée à l'autre qui maintiennent un haut niveau de désir et permettent le rapprochement physique. Dans les difficultés de couple, qu'elles soient sexuelles ou relationnelles, le thérapeute évalue tout d'abord la nature du lien conjugal, la qualité du sentiment amoureux et, si possible, tente de ranimer la flamme de la passion. C'est la meilleure médecine des difficultés intimes. Les qualités de cœur ont toujours primé sur la performance sexuelle.

Seul compte le premier amour

Cette affirmation qui peut paraître désuète à certains s'avère souvent très juste. Non qu'il s'agisse de la première amourette ou du premier partenaire physique, mais du premier grand amour, celui ou celle avec qui se réveillent des sentiments inconnus, des émotions bouleversantes, et sur qui se fixe un attachement total et indéfectible. Ce premier amour est parfois celui de toute une vie, lorsqu'il est partagé, sinon il reste comme une marque indélébile, souvent au-delà des attachements ultérieurs et à l'insu de la personne : « J'ai un amour qui est toujours présent. J'avais l'impression de ne plus y penser, mais il est toujours là : c'est mon premier amour, en terminale, j'avais seize ans. On est sortis ensemble pendant un an. Je ne l'ai jamais oublié. » La fidélité inconsciente à cette fixation amoureuse peut par la suite inhiber les comportements amoureux avec d'autres partenaires comme s'il s'agissait d'une « tromperie » par rapport à ce premier et unique amour. Évelyne a trente-cinq ans, elle n'a aucun désir pour son mari qu'elle aime pourtant profondément. Elle poursuit : « Deux désirs peuvent-ils coexister ? Non, il y en a toujours un qui prend le pas sur l'autre. Et c'est toujours le même, mon premier amour. Je pense qu'il est toujours là parce qu'il n'y a jamais eu de rupture. On ne s'est jamais dit que c'était fini, qu'on ne se reverrait jamais. À l'époque, c'était il y a presque vingt ans, il m'a dit : tu me reviendras un jour. Je sais bien que ce sont des paroles d'adolescent, mais je suis peut-être restée une adolescente. »

Certaines femmes vivent ainsi paradoxalement la culpabilité, inconsciente, d'avoir des relations avec leur mari légitime par fidélité au premier amour. Cet idéalisme qui semblait de bon ton dans une société où une femme ne connaissait qu'un seul homme dans sa vie et où l'on ne se séparait pas, masque l'incapacité à faire le deuil d'un attachement antérieur et donc une construction psychologique fragile. C'est la réalité de la vie adulte, les liens sont passagers, il faut pouvoir en faire le deuil, ils ne sont plus permanents comme dans l'enfance.

L'amour dure toujours

Encore faudrait-il pouvoir définir l'amour et n'avoir qu'une seule définition de ce sentiment si personnel que chacun en propose plusieurs selon qu'il s'agit du lien aux parents, aux enfants, au conjoint, ou à des êtres importants de la vie de relation. « Au sens plus général, nous dit Georges Bastin, l'amour est attachement pour un être, un objet ou une valeur morale[22]. » À nous de savoir si le conjoint, par exemple, peut être considéré comme un objet ou plutôt comme une valeur morale !

Une ou deux autres définitions du mot *amour*.

On peut aussi accepter cette définition acide de Jacques Waynberg qui dénonce l'hypocrisie de l'alibi amoureux : « Amour : élan affectif universel qui permet avec joie de transgresser le dégoût qu'inspireraient sans lui les actes que l'on commet en son nom[23]. »

Amour signifie-t-il la même chose pour tous ? En 1993, l'enquête de l'Inserm a montré que les hommes tombaient plus souvent amoureux que les femmes : sur 20 000 personnes interrogées, et quelle que soit la tranche d'âge, les hommes ont déclaré en moyenne avoir été amoureux quatre à cinq fois dans leur vie, tandis que les femmes seulement trois fois[24] ! Cette constance quel que soit l'âge signifie peut-être que les hommes et les femmes ne parlent pas exactement de la même chose en parlant d'amour, les femmes confondant certainement moins désir et sentiment. Quel lien cela a-t-il avec la sexualité ? Ceux qui déclarent avoir été souvent amoureux, hommes ou femmes, sont également ceux qui ont plus de partenaires sexuels que les autres. Il apparaît enfin de façon constante que les hommes ont beaucoup plus souvent que les femmes des relations sexuelles sans être amoureux.

J'ai posé la même question à de nombreux hommes et femmes au sujet de la lettre d'amour et du nombre de fois dans leur vie où, amoureux, ils avaient écrit des lettres d'amour[25]. La réponse fut étonnamment constante : ils avaient connu en moyenne six épisodes pour les hommes, quatre épisodes pour les femmes, où ils avaient écrit des lettres d'amour. Dans l'étude de Spira, les hommes ont été amoureux quatre fois dans leur vie, les femmes trois fois en moyenne. L'amour connaît donc plusieurs paroxysmes plutôt qu'une seule grande vague qui nous porte la vie durant. Ronsard, qui était un sage en amour, nous disait, dans son célèbre *Sonnet pour Hélène,* que l'amour et les fleurs ne durent qu'un printemps, mais personne ne veut l'entendre !

D'autres enfin considèrent que l'amour dure toujours car ils conçoivent un seul et même sentiment qui nous accompagne tout au cours de la vie, que le bébé tisse avec sa mère dans les premiers jours puis qu'il déplace sur le parent de sexe opposé, sur le frère ou la sœur de même âge, puis sur le petit ami, le conjoint, l'amant, etc.

Loin des yeux, loin du cœur

Deux théories s'affrontent depuis des millénaires, celle de l'amour-manque, qui voit s'exacerber le sentiment lors de la séparation, et celle de l'amour-présence dont le sentiment disparaît avec l'absence. La première est fondée sur l'idée classique de l'attachement des moitiés complémentaires, le mythe d'Aristophane que nous rapporte Platon dans *Le Banquet* : des êtres doubles coupés par leur milieu cherchent désespérément la moitié manquante, image symbolique du couple fusionnel occidental. L'amour est alors défini par le manque que procure l'absence de l'autre au sujet désirant. Dans *Qu'est-ce que l'amour*, André Comte-Sponville précise les limites d'un tel raisonnement : « Si l'amour est manque, et dans la mesure où il est manque, nous n'avons guère le choix qu'entre deux positions amoureuses. Soit nous aimons celui ou celle que nous n'avons pas et nous souffrons de ce manque : c'est ce qu'on appelle un chagrin d'amour. Soit nous avons celui ou celle qui ne nous manque plus, puisque nous l'avons, que nous n'aimons donc plus, puisque l'amour est manque, et c'est ce qu'on appelle un couple[26]. » Cette caricature n'est pas si exagérée que cela, nous en savons bien la réalité lorsque le désir disparaît dans un couple fusionnel par la présence constante de l'autre.

La seconde théorie est un alibi justifiant les attachements multiples : « Je peux facilement oublier un amour par un nouvel amour », conseil que donnait déjà Ovide aux matrones romaines dans ses *Remèdes à l'amour*. Il n'y a évidemment pas de solution universelle et aucun ne fait le choix conscient de ses réactions, nous réagissons en fonction de notre personnalité aux questions que pose l'amour. Certains, très affectifs, très fusionnels, parfois encore organisés sur le mode de la dépendance infantile, alternent le bonheur fusionnel et le chagrin lors de l'éloignement. D'autres, apparemment plus insensibles mais certainement tout aussi tendres, se détachent d'un être lorsqu'il n'est plus présent. Les deux positions semblent extrêmes.

Après quelques expériences difficiles, une certaine philosophie de la vie semble s'imposer à la plupart qui abandonnent une attitude trop rigide ou trop exigeante. La position d'un philosophe comme Spinoza propose un idéal de liberté dans la relation à l'autre que nous pouvons tenter d'approcher. L'amour est pour lui une façon de se réjouir de l'existence de l'autre : « Tu es la cause de ma joie, je me réjouis que tu existes et vives ce que tu désires. Je ne demande rien puisque ton existence suffit à satisfaire mon désir. » Mais tout le monde n'est pas philosophe !

L'usure des sentiments

« Ça fait quinze ans qu'on est ensemble, c'est normal que le désir n'y soit plus, c'est l'usure des sentiments. » La durée du couple semble affaiblir le désir et les sentiments, surtout lorsqu'on pense que cette « usure » est inéluctable. Rien n'est moins sûr !

L'émoussement du désir est fréquemment rapporté dans les couples au long cours, comme une fatalité à laquelle on ne peut échapper. Au niveau de l'intérêt sexuel, un affaiblissement du désir d'accouplement a été montré chez l'animal à qui l'on proposait toujours la même partenaire et une recrudescence si on lui présentait une autre femelle. Mais si ces données expérimentales sont une réalité, elles ne constituent qu'une faible partie de nos déterminants. L'attachement amoureux ne connaît, lui, aucune usure, au contraire, il se renforce souvent avec la durée du couple, indépendamment du désir physique. Car s'il y a usure, c'est de l'attrait sexuel, pas des sentiments. Ce qui prouve bien que *l'amour et le sexe* sont deux dimensions indépendantes mais conjointement nécessaires.

Preuves d'amour

« Il me parle beaucoup, beaucoup de lui, mais ne me donne aucune preuve de son amour. Et moi, il me faut des preuves d'amour. » Julie a vingt-six ans, elle vit douloureusement une relation d'amour avec Philippe qu'elle ne comprend pas. Elle ne lui exprime pas non plus ses désirs et se trouve donc déçue, notamment par l'absence de preuves des sentiments amoureux.

Nous sommes dans le registre de l'intuition et du non-dit, auquel les hommes sont peu habitués. Une femme lui dit : « Je veux des preuves de ton engagement envers moi, qui me prouvent ton amour, des preuves que je comprenne et qui m'assurent de tes sentiments. Je n'ai pas à te dire quoi, mais je dois les comprendre. » Et cet homme ne comprend pas, car ce sont plutôt des femmes qui désirent ces preuves, cadeau, présence, engagement, fidélité… tandis que les hommes ne les demandent pas, car leur seule présence semble être une preuve suffisante d'amour. Les hommes sont-ils plus inconstants dans leurs engagements ou leur présence auprès de leur partenaire ? Certainement puisque les femmes demandent un signe de cette présence. À moins que ce ne soient les hommes qui désirent un engagement ou un soutien auprès d'elles.

Le fait même que des preuves de l'amour soient demandées, et soient donc nécessaires, signe l'incommunication entre hommes et femmes, et donc le malentendu autour de ces preuves d'amour.

Les hommes et les sociétés ont longtemps exigé d'autres preuves d'amour. Pour une femme jeune, la preuve d'amour a longtemps été sa virginité, nécessitant parfois, à l'approche du mariage, une chirurgie réparatrice de « rempucelage ». Toutes les sociétés traditionnelles refaisaient ainsi un hymen de circonstance comme preuve du don de la promise. On « repucelait » avec du citron ou des substances astringentes qui resserraient le vagin et donnaient l'illusion d'un sexe tout neuf. Depuis la révolution sexuelle, la preuve d'amour masculine comme féminine est la fidélité dont le degré extrême est la présence permanente, lorsque le niveau de confiance est faible et le couple très fusionnel. La preuve d'amour des couples très matures est au contraire leur entière liberté.

Pas d'amour sans fidélité

Avec cette proposition, nous sommes encore dans une conception très fusionnelle du couple qui associe amour et sexualité, présence et confiance, permanence et fidélité. Toutes les études contemporaines montrent qu'amour et sexualité sont deux notions relativement indépendantes et que la fidélité est un degré plus élevé de l'attachement moral entre deux personnes. Cette conception moderne de la relation à deux n'est cependant pas vivable pour tous.

L'enquête de Spira nous dit qu'il peut y avoir amour sans fidélité pour 43,2 % des hommes et 34,8 % des femmes.

Certains même pensent que les infidélités passagères renforcent l'amour : 26,9 % des hommes et 17,1 % des femmes[27].

La même étude montre très clairement une dissociation nette chez les hommes, moins chez les femmes, entre le nombre de personnes dont on a été amoureux au cours de la vie et le nombre de partenaires sexuels. Les hommes ayant été en moyenne quatre fois amoureux dans leur vie alors qu'ils ont connu dix à douze partenaires, tandis que les femmes, amoureuses trois fois, ont eu en moyenne quatre à cinq partenaires.

L'écart est nettement plus faible chez les femmes, ce qui tend à montrer qu'elles privilégient les sentiments sur le sexe : « Le sexe sans amour, nous disent Masters et Johnson, a plus de chances d'aboutir à des malentendus, et il engendre le risque que l'un des partenaires, se souciant peu des sentiments et des besoins de l'autre, l'utilise. Il est difficile d'évaluer le degré de confiance dans une union sans amour, aussi faut-il s'y engager "à ses risques et périls"[28]. » Si la fidélité, aujourd'hui, n'engage pas totalement la sexualité, on prend bien conscience qu'elle est un lien moral en général fortement lié à l'intensité du sentiment amoureux.

L'amant de cœur

L'amour courtois a transformé l'imaginaire érotique féminin, jusque-là dominé par le mâle conquérant, le chevalier sans peur qui combattait ses rivaux pour les beaux yeux de sa belle, en imposant une image, celle de l'homme tendre qui cultivait des valeurs opposées aux qualités viriles traditionnelles, des valeurs d'amabilité, de courtoisie, de séduction romantique. Et cet homme tendre a progressivement pris le dessus sur le chevalier viril. On a prétendu qu'il s'agissait de la domination des valeurs féminines. Force est de reconnaître que ce sont les femmes qui acceptent celui qu'elles désirent auprès d'elles et l'homme guerrier a aujourd'hui moins de suffrages qu'un Roméo.

L'amant de cœur est un homme prévenant et assidu, les deux qualités les plus appréciées des femmes qui les désirent. Cet amant de cœur est parfois institutionnalisé en *complément amoureux* du mari comme dans la tradition italienne du sigisbée, cet homme de compagnie connu et accepté de l'époux, qui vient dès le matin accompagner la femme dans son intimité et recueillir ses confidences[29]. Cet homme tendre est un protecteur dans la mesure où il n'est pas menaçant puisqu'il n'est qu'un confident. Il la protège donc de la violence sexuelle. C'est l'amant idéal. Il s'agit alors d'une dissociation légalisée entre amour et sexualité. Encore faut-il que le sigisbée ne se prenne pas pour l'amant !

Parlez-moi d'amour

Le besoin de tendresse accompagne la demande amoureuse : « Parlez-moi d'amour. Dites-moi des choses tendres. » Les mots d'amour ont toujours existé, ce sont des flatteries, des mots doux, des sornettes que l'homme contait autrefois à la femme de son cœur pour la séduire et l'embobiner. Ce sont aujourd'hui des e-mail séducteurs, des textos d'amour, SMS de cœur, qui transitent par nos ordinateurs et téléphones portables. Peu importe le support, la parole d'amour exprime l'amour-sentiment pour toucher et émouvoir l'être aimé : « Oh ! j'ai tant d'amour à te donner, tant de baisers à te prodiguer, sur tes pieds parce que je te respecte, sur ton front parce que je t'admire, sur tes lèvres parce que je t'aime », dit magnifiquement Victor à Juliette en septembre 1834.

La réserve et le silence féminins, modelés par des siècles de pudeur obligée ont donné aux réactions féminines plus de nuances et de subtilité qu'à celles des hommes. Le silence est même parfois une parole d'amour pour les femmes qui espèrent être entendues : « L'amour véritable et vivant n'a d'expression que le silence : je me tais », écrit Marie, célèbre mémorialiste du XVIIIe siècle à Roland de la Platière qui deviendra son mari. Le contenu de la lettre d'amour nous enseigne la psychologie des sexes, là où un homme parle, désire, demande, une femme suggère des sentiments et parfois même se tait. Ce silence a pour nom le désir[30] : « Mon amour, mon amour, je vis, je vis... je suis en plein milieu du monde, en plein milieu de toi, en plein milieu du ciel et du soleil, un puits, une absence, et tu me combles, heureuse de me taire », conclut amoureusement Mireille Sorgue dans des *Lettres à l'amant*, le 22 avril 1963[31].

La voix ajoute ensuite aux mots d'amour la couleur de la parole aimée. Le son de la voix, chargé d'érotisme, est un puissant facteur de séduction pour une femme, il est porteur de désirs et de caresses intimes. Les hommes qui jouent de la voix savent combien les femmes y sont sensibles. Les paroles d'amour sont multiples, mots d'amour à l'oreille de l'être aimé, mais aussi paroles crues pour exciter le désir et renforcer l'unité du couple. Des mots crus, voire obscènes, ne sont possibles que dans une très grande liberté entre deux êtres, dans l'amour sans limite. Et donc ils ne sont plus obscènes.

Aimer à la folie

L'amour mène le monde et chacun sait qu'il nous fait faire des folies. De là à devenir fou, il y a un pas que franchissent ceux qui sont déjà fragiles dans leurs repères affectifs. Car l'amour n'est pas une plaisanterie, il engage toute la personne dans sa trajectoire de vie par une rencontre avec une autre trajectoire de vie. Le choc de ce face-à-face est à la mesure des similitudes, des convergences, des ressemblances entre ces deux histoires de vie et les attentes de chacun. « La mesure de l'amour, nous dit saint Augustin, c'est d'aimer sans mesure. » Alors la passion est déraisonnable et démesurée. Elle donne des ailes au timide, elle enflamme l'idéaliste, elle fait délirer le fragile des sentiments. Ce fol amour est souvent l'apanage des passions démesurées, celles qui s'enflamment d'un coup de foudre et retombent comme un feu de paille. Camille Claudel, folle d'amour puis de rage pour Rodin, fut internée et finit sa vie à Charenton, tout comme Eugène, le frère de Victor Hugo qui fut interné le jour du mariage de Victor et d'Adèle et finit sa vie en asile.

On parle moins aujourd'hui de la folie amoureuse, mais elle est tout aussi présente et beaucoup de dépressions sont déclenchées ou entretenues par un chagrin d'amour, c'est-à-dire la croyance délirante que l'amour devrait durer toujours et que la réalité du désamour ne peut être acceptée, car le déni en est impossible. Le délire permet alors de reconstruire une autre réalité, celle de l'amour éternel.

Chagrin d'amour

Le mal d'amour est aujourd'hui déconsidéré, il n'existe plus aux yeux des médecins ni des proches, comme si on pouvait se remettre aussi facilement d'une rupture, de la fin du grand amour.

La médecine, qui dissèque le corps et l'esprit pour mieux les comprendre, ne parle jamais d'amour, aucun traité des maladies d'amour, alors que cette passion occupe majoritairement la plupart d'entre nous et contribue à de très nombreuses maladies qu'elle déclenche ou amplifie. Une grande part des troubles psychosomatiques et des dépressions trouvent leur cause dans des désordres amoureux. Mais pas un mot de la médecine sur l'amour.

Car depuis que la médecine est devenue sérieuse et scientifique, elle ne s'occupe plus de cette maladie que chantaient les troubadours, elle ne s'occupe plus du spleen des romantiques, elle fait fi du trouble amoureux dont elle n'entend que les symptômes. Tristesse, angoisse, fatigue, hypotension, tachycardie : l'amoureux blessé, l'amoureuse blessée, doivent cacher leur trouble au fond d'eux-mêmes et n'en dire mot.

Pourtant les livres anciens parlent avec authenticité du dépit amoureux et du chagrin d'amour, que l'on nommera par ses symptômes : maladie des pâles couleurs, fièvre d'amour, maladie des jeunes filles ou encore le mal des amants.

La période romantique cultivera la mélancolie amoureuse comme l'un des beaux-arts et une source d'inspiration. Mais cette intensité maladive du désespoir amoureux n'est pas imaginaire, elle ne peut pas non plus être réduite à une simple dépression, elle est faite de paradoxes, car elle implique la réalité de l'amour fou. L'attachement total et passionnel, spirituel, affectif et sexuel, entre un homme et une femme ne peut cependant pas seulement se réduire à une répétition de l'histoire infantile et des liens œdipiens plus ou moins dépassés. Il comporte une part inconnue, celle de l'attachement amoureux, de la disponibilité et de la réceptivité amoureuse qui permettent à l'inconnu qui, en un instant devient l'être aimé, de faire empreinte de soi-même. Et lorsque cette image disparaît, elle a laissé la marque indélébile de l'empreinte, celle-là même qui fait manque. La tristesse et la dépression pourront s'ensuivre, mais l'origine amoureuse de cet état maladif lui confère des caractères propres, obsessionnels, monomaniaques, seuls comptent l'image et le souvenir de l'être aimé. Chaque objet rappelle son existence, il suffit de sa présence ou de son retour pour que cesse l'état maladif. Il n'en va ainsi que pour l'amour.

La réponse de la psychiatrie est de distinguer le deuil normal d'un objet perdu de la phase dépressive qui s'ensuit. Une autre idée est de concevoir les déplacements amoureux et de considérer l'amour comme un antidépresseur. Certains et certaines savent en jouer en sautant d'un amant à une maîtresse, d'une relation à une autre. Mais ce n'est, pour la plupart, pas aussi simple. Oui l'amour est une médecine qui procure du bien-être, c'est la raison pour laquelle la plupart recherchent l'amour. Mais le chagrin d'amour, même le plus intense, n'est pas qu'une dépression, c'est un symptôme relationnel entre deux adultes qui doivent pouvoir en comprendre la réalité, si l'autre est encore accompagnant, même s'il n'est plus aimant.

Mourir d'amour

Est-ce possible ? La littérature nous dit oui et l'on repense à l'histoire de Juliette et de Roméo ; oui, si l'on entend la souffrance des amoureux éplorés : « Je me meurs d'amour » ; oui, si l'on se rappelle ceux qui mouraient du dépérissement langoureux de la dépression amoureuse, longtemps considérée comme une fin en soi par les romantiques et comme une erreur de la nature par les médecins et les hygiénistes du XIXe siècle ; oui, si l'on écoute l'amour dans sa réalité relationnelle ; non, si l'on ne croit que la médecine. Il faut à l'amour des médecins mais qui soient aussi des poètes.

3

LA SEXUALITÉ FÉMININE

La sexualité féminine est la part du sexe que l'on connaît le moins et qui pose le plus d'interrogations. Il n'est pas étonnant qu'elle soit aussi la plus porteuse d'idées fausses. Pendant de longs siècles, les femmes ont été empêchées d'exister en tant que femmes, elles étaient considérées comme un sous-produit de l'homme et c'étaient des hommes qui théorisaient leur sexualité. Les vrais progrès dans ce domaine sont venus du féminisme qui a permis aux femmes d'échanger à propos de leur vécu intime. L'étude de Shere Hite sur l'érotisme féminin en est le témoin. C'est très certainement grâce à ce mouvement de libération de la femme que William Masters a pris conscience qu'il ne pourrait pas seul, lui un homme, tout professeur de gynécologie qu'il était, comprendre la sexualité féminine sans collaborer avec une femme, Virginia Johnson. Ce sont ensuite, dans le champ de la psychanalyse, Karen Horney, Helen Kaplan et, en France, Joyce McDougall, entre autres, qui ont permis d'aborder plus justement la différence féminine. La femme n'est pas un homme en moins, elle est femme dans son identité et sa différence.

Sexe faible

Pendant longtemps, il n'a existé qu'un sexe : le premier, le masculin, le sexe fort, avec des variantes suivant les époques. Le XVe siècle parlait du *sexe souverain*, le XVIIe du *beau sexe*, le XVIIIe du *sexe volage*. En face, le sexe féminin n'était en général pas mentionné. On disait : « Les personnes du sexe », sous-entendu « l'autre », que soutenaient quelques beaux penseurs, Pindare qui le qualifiait d'*aimable* et Blanqui de *charmant*[1].

Cette dénomination de « sexe faible » renvoyait bien sûr à l'ordre naturel qui a toujours sélectionné les mâles les plus puissants pour dominer le groupe, mais encore à une notion humaine de discrimination qui voulait que la femme, naturellement plus faible, soit aussi inférieure à l'homme. On sait tous les débats et les polémiques qui ont animé l'Occident pour faire une « petite » place à la femme, pour lui reconnaître une âme, pour la libérer de la tutelle du mari et très récemment lui accorder le droit de vote et une égalité juridique dans la société. Malgré cela, la tendance à considérer la femme comme inférieure à l'homme persiste de façon insidieuse, la meilleure preuve en est, malgré la loi, l'inégalité des salaires à compétence égale.

En réalité, cette inégalité imposée par les hommes dans toutes les sociétés n'est que le reflet de l'impuissance masculine à accepter un partage du pouvoir, de crainte d'être dominé, notamment dans le seul domaine où l'homme est le sexe faible, celui de la jouissance amoureuse, le plaisir féminin étant sans limite là où l'homme doit avouer son insuffisance. C'est pour cette raison que, depuis le début de l'humanité, les hommes ont tenté d'asservir les femmes par la force, car la sexualité libre des femmes est hautement subversive !

La Belle au bois dormant

« À peine l'eut-il effleurée de son baiser que la Belle au bois dormant ouvrit les yeux, se réveilla et le regarda [...]. Alors ils descendirent ensemble [...] et ils vécurent heureux jusqu'à la fin de leurs jours. » Cette histoire est connue de toutes les petites filles, c'est la raison pour laquelle, en silence, elles attendent le prince, certaines leur vie entière. Le modelage culturel des mentalités est certainement le plus efficace de tous. C'est pourquoi toutes les civilisations transmettent des mythes qui enseignent la façon d'être pour les hommes et pour les femmes. L'Occident chrétien leur enseigne deux rôles bien distincts : aux femmes l'attente et la passivité, aux hommes la décision et l'action. Malgré la formidable évolution des mentalités qui a marqué le XXe siècle, ce modelage persiste jusqu'à parfois inhiber les comportements actifs et volontaires de la femme.

Nous connaissons tous ces mythes féminins organisés sur le mode de l'attente : *Barbe bleue* (« Anne, ma sœur Anne, ne vois-tu rien venir ? ») et *La Belle au bois dormant* apprennent à la jeune fille à attendre le bon vouloir masculin, seul capable d'éveiller les sentiments et de créer le bonheur. Malheureusement, ce précepte de passivité ne vaut pas en amour, il va même à l'encontre de l'épanouissement féminin qui demande l'engagement actif dans la relation amoureuse. La raison pour laquelle ce mythe dure depuis si longtemps vient de ce qu'il renforce le pouvoir masculin en rendant la femme apparemment dépendante de l'homme, car il est porteur d'une idée bien commode pour les hommes, celle d'une femme toujours disponible. De plus, la liberté sexuelle de la femme a toujours paru menaçante pour les hommes.

Encore faut-il que ce modelage traditionnel ne soit pas renforcé par un pseudo-raisonnement scientifique qui semblerait valider cette soumission ancestrale. C'est l'idée fausse de l'attente par la femme du pénis de l'homme qui lui manquerait, opinion soutenue par Marie Bonaparte, l'une des premières grandes psychanalystes et amie de Freud, idée qu'il faut résolument bannir sous cette forme, pour permettre l'épanouissement féminin : « Le vagin de la femme, érotisé lors de la puberté doit alors passivement se contenter d'*attendre* que le pénis de l'homme vienne l'éveiller. Car le rôle de tout ce qui est femelle, de l'ovule à l'amante, est d'attendre. Le vagin doit attendre l'avènement du pénis sur le même mode passif, latent, endormi, où l'ovule attend le spermatozoïde. C'est, retransposé à son prototype biologique, le mythe éternellement féminin de *La Belle au bois dormant*[2]. » Il faut en finir avec cette légende qui a trop fait de mal aux femmes !

« Ma vie a changé depuis que j'ai compris que je pouvais désirer par moi-même et être active dans l'acte sexuel. Je ne me culpabilise plus. Avant je pensais que c'était lui qui devait tout faire, ça ne marchait jamais et ça m'amenait à me décourager. » Stéphanie témoigne du changement vécu dans sa sexualité depuis qu'elle y participe. Traditionnellement, les femmes se devaient d'être soumises et passives en amour, ce qui, dans l'Antiquité, les distinguait de la prostituée pratiquant une sexualité active. La femme légitime laissait toute initiative à son mari qui réglait le rapport à son rythme et l'arrêtait par une éjaculation.

Ce modèle, imposé par la tradition, n'est pas naturel, car chez nos proches cousins les primates, bien plus libres en amour, ce sont au contraire les femelles qui prennent l'initiative du rapport sexuel en signifiant qu'elles y sont prêtes et en attirant un mâle vers elles. Cette reprise de l'initiative du désir par les femmes est l'une des plus grandes victoires de la lutte contre le sexisme. Encore faut-il qu'elle soit bien comprise et ne donne pas lieu à une nouvelle soumission des hommes imposée par les femmes en guise de revanche pour des siècles d'esclavage !

La libre expression du désir n'est pas chose simple car les femmes ont eu l'habitude de ne jamais le dire ouvertement. Elles ont ainsi développé une habileté à la suggestion tacite : « Je le lui fais comprendre, je pense que c'est suffisant et pourtant je vois qu'il ne fait rien. Je crois qu'il ne s'intéresse plus à moi. » Les gestes peuvent être suffisants, mais les mots ne le sont pas. Or le langage est l'apanage des humains et rien ne fait plus plaisir à un homme qu'une femme lui dise : « J'ai envie de toi », « Je veux faire l'amour », « Viens, suis-moi ! ». Toutefois, pour beaucoup de femmes, dire un seul mot semble encore être un signe de soumission ou de prostitution. À leur insu, elles sont toujours dans la guerre des sexes.

Un seul remède à cela : le dialogue, la franchise, exprimer ouvertement ses désirs et accepter pour une femme de se sentir libre de dire ce qu'elle aime ou n'aime pas en matière de sexualité. La liberté n'a qu'un prix : la parole.

La fille aux lèvres pulpeuses

« Les lèvres s'étant développées comme une imitation des lèvres de la vulve, plus du fait de la biologie que de la culture, comme les lèvres génitales elles rougissent et se gonflent sous l'influence de l'excitation sexuelle et, comme elles, elles entourent un orifice central[3]. » Desmond Morris nous révèle la grande analogie qui existe entre la bouche et la région génitale.

Les correspondances anatomiques ont toujours intéressé la pensée populaire, notamment en matière de sexe, car elles sont supposées pouvoir révéler des particularités cachées, et permettre de présumer du tempérament sexuel.

Chez la femme, la bouche est un sexe supérieur, très semblable à celui d'en bas, qui offre les mêmes qualités de souplesse du contact et d'accueil à la pénétration, avec cependant une plus grande mobilité des parois et la présence d'un organe érectile interne, la langue, puisqu'elle peut se tendre pour s'introduire dans un orifice similaire. Ce baiser est qualifié de « baiser à la française », *french kiss*, par les anglophones, car il semble qu'il ait tout particulièrement pris dans notre pays une valeur passionnelle et d'intimité par imitation du coït. Dans l'idée de la physiognomonie, cette pseudo-science des correspondances qui faisait imaginer les parties cachées d'après les parties découvertes, les hommes ont pensé que le sexe d'une femme ressemblait à son orifice buccal. Il suffisait alors de rechercher « la fille aux lèvres pulpeuses » pour être heureux en amour. La « mode » exotique des femmes des tropiques, des Africaines et des Eurasiennes aux belles lèvres éversées n'est certainement pas étrangère à cette idée simpliste et fausse : la forme des lèvres n'a pas de relation directe avec la forme du sexe ni avec la libido féminine, mais elle peut en avoir avec le désir d'un homme. Ne détruisons pas tous les fantasmes !

Le pénis perdu

Jaloux de la gloire d'Osiris, dieu de la lumière et du jour, Seth, prince des ténèbres, découpe le corps de son frère en quatorze morceaux qu'il jette dans le Nil. Éplorée, Isis part à la recherche des restes de son époux dont elle retrouve tous les fragments sauf un, son pénis. Ici la légende diverge en plusieurs versions. Soit le sexe d'Osiris a été dévoré par un poisson, soit il est perdu au fond du Nil ou quelque part aux environs de Babylone... Quoi qu'il en soit, Isis ne parvient pas à retrouver le sexe de son mari et en fait un simulacre de terre pour compléter son corps, lui donner l'aspect de la vie, et amorcer le culte du phallus.

Telle Isis recherchant le phallus d'Osiris, la femme est-elle éternellement à la recherche de son pénis perdu ? Cette thèse d'une psychanalyse toute masculine a été combattue par les féministes, mais aussi par des voix féminines dans la psychanalyse, notamment celle de Karen Horney[4].

Si cette formulation semble choquante à certaines, il n'en reste pas moins qu'une réflexion théorique est nécessaire. En effet, la théorie freudienne du primat du phallus et du manque du pénis organisateur du psychisme féminin peut sembler aujourd'hui liée aux conceptions d'une époque et à un mode d'organisation de la société qui a changé. Ce raisonnement était fondé sur l'idée que la petite fille qui présentait le fantasme d'être un homme tentait d'échapper à une condition féminine alors chargée d'angoisse et de culpabilité, ce qui n'est plus le cas aujourd'hui. Mais on ne change pas aussi facilement de position théorique. Diverses métaphores ont été imaginées pour ne pas infirmer la pensée de Freud tout en reconnaissant que cette position ne semblait pas juste. Ernest Jones, le biographe et ami de Freud, voyait ainsi trois lectures possibles de ce « fantasme » freudien : le désir infantile d'avaler un pénis et de le retenir en le transformant en un enfant, donc désir d'enfantement ; le désir de posséder un clitoris-pénis dans la région génitale ; le désir adulte de jouir d'un pénis dans l'acte sexuel[5].

Cette chimère du « pénis » féminin rappelle aussi la vieille idée des complémentarités duelles où dans une paire, chaque élément contiendrait un peu du principe de l'autre. C'est la thèse du Yin et du Yang, du masculin et du féminin complémentaires, qui semble à première vue légitime puisque nous venons tous, hommes et femmes, d'un état premier indifférencié dont les structures ont pris par la suite forme masculine ou féminine. Et l'on doit bien reconnaître qu'il s'en faut souvent de très peu pour passer de l'une à l'autre : les hormones masculines, par exemple, sont si proches des hormones féminines qu'une seule réaction chimique suffit à faire de la testostérone un œstrogène. Il est donc évident qu'il y a du masculin en chaque femme, comme du féminin en l'homme. Mais il faut relativiser cette thèse et sortir d'une fausse idée « unisexe » qui voudrait que tout soit interchangeable entre hommes et femmes.

Tout d'abord au niveau biologique, la femme sécrète de la testostérone, qui est l'hormone du désir des deux sexes, mais pas question pour elle de prendre de la testostérone pour stimuler son désir. Les variations de cette hormone sont très subtiles, nous ne savons pas bien les manier, et le risque est grand de viriliser cette femme. Il existe heureusement bien d'autres facteurs qui conditionnent le désir, et des femmes sans testostérone peuvent être très désirantes comme d'autres, dotées d'un taux élevé d'androgènes, avoir une faible libido. Il existe enfin tout autant de raisons culturelles et personnelles pour qu'une femme cultive des valeurs traditionnellement masculines comme l'indépendance, la compétition, l'agressivité, et paraître alors montrer le masculin en soi. Elle n'en est pas moins femme.

Que l'homme soit à l'écoute de la femme pour mieux vivre la relation sexuée et que la femme comprenne et accepte les comportements masculins dans leur différence complémentaire, voilà sûrement une des voies d'équilibre du couple contemporain. Car l'homme et la femme se sont rapidement différenciés au cours de l'enfance, dans leur biologie tout d'abord puis dans leur psychologie et leur culture. Ils sont devenus homme et femme sans persistance ni nostalgie d'un sexe perdu. Aujourd'hui la majorité des hommes et des femmes disent désirer un partenaire à l'identité sexuée forte, masculine ou féminine.

La récente proposition pour les hommes de développer le féminin en eux et pour les femmes de laisser s'exprimer le masculin est une image ludique qui entretient l'idée fausse de l'indifférenciation, biologique ou sociale, l'idée fausse que les rôles pourraient être à tout moment échangés. Un homme ne concevra jamais un enfant, il ne sera pas non plus la mère de son enfant. En revanche, il pourra certainement, et c'est souhaitable, accompagner cet enfant dès la naissance, partager les moments de son éducation avec la mère, entraider à son élevage total, langes, biberons, apprentissage... Cela n'en fera pas pour autant une mère ni une femme. Cette tendance à l'indifférenciation des rôles a été amorcée par des mères esseulées, trop abandonnées par des hommes non-pères, qui fuient leur place naturelle d'accompagnant de l'enfant.

Contrairement à l'idée reçue selon laquelle les hommes et les femmes fonctionnent de la même façon et sont interchangeables, contrairement au faux proverbe qui laisse à penser que « ce qui est bon pour moi est aussi bon pour toi », les thérapeutes de couples tendent aujourd'hui à cultiver les différences et à réintroduire de l'altérité pour un meilleur équilibre à deux.

La femme est plus sensible que l'homme

« La femme a des sexes un peu partout. Elle jouit d'un peu partout », insiste Luce Irigaray[6].

Cette affirmation pourrait être atténuée en disant que la femme est différemment sensible que l'homme, mais elle reste juste au sens où la « zone gâchette » du plaisir, celle du déclenchement de l'excitation qui se limite souvent chez l'homme au gland du pénis, s'étend à toute la région génitale, la région mammaire et souvent à l'ensemble du corps, chez la femme. Toute stimulation peut donc déclencher du plaisir. Cette formidable sensibilité féminine est souvent méconnue ou négligée par le partenaire et même ignorée de certaines femmes qui se privent ainsi d'un extraordinaire vecteur de libération. La voie sensorielle est la seule qui mène au plaisir.

Les cinq sens sont nécessaires à l'épanouissement sexuel, l'ouïe, la vue, le toucher, le goût et l'odorat, car ils participent tous à l'excitation, chez l'homme comme chez la femme, mais tout particulièrement chez la femme, où leur association crée souvent les conditions de la disponibilité sensuelle. Les massages mutuels peuvent être ainsi une voie très intéressante de libération des comportements intimes, massages corporels non dirigés vers les zones érogènes primaires, permettant au contraire de prendre conscience de la sensibilité du corps dans son entier. Les femmes y sont toujours sensibles, les hommes moins, mais c'est une occasion d'échanger les vécus sensoriels afin de mieux connaître les préférences du partenaire et d'orienter les gestes vers une stimulation plus efficace qui convienne à l'autre.

Le *sensate focus*, inventé par Masters et Johnson, est une focalisation de l'attention sur les sensations, à l'aide de consignes très précises, de stimulations tactiles et de caresses cutanées, dans le but d'atténuer l'anxiété sexuelle et de désensibiliser le plaisir génital pour un meilleur éveil sensuel.

Si la femme semble plus sensible aux caresses que l'homme, ou de façon plus riche et variée, encore faut-il que cette richesse sensorielle soit développée et pas inhibée, devant la crainte qu'elle peut représenter. S'il existe trop d'obstacles à l'abandon, un travail sur soi de psychothérapie en relaxation peut permettre de lever ces inhibitions[7].

Les filles du Sud

« Dans les contrées brûlantes, l'amour s'éveille de bonne heure, s'enflamme avec violence et s'use bientôt : toutes les floraisons sont rapides [...]. D'ailleurs ces femmes si précoces ou pubères à dix ans, sont vieilles et stériles à trente[8]. »

Encore une idée fausse, celle d'un lien entre la libido et le climat, qui ne relève que de l'imaginaire érotique des hommes, excités à la vue de femmes moins vêtues. Il est vrai qu'une Esquimaude recouverte de peau de phoque semble moins « chaude » qu'une Tahitienne en paréo certainement en raison des obstacles qui s'interposent pour parvenir à son intimité.

La biologie nous confirme ce paradoxe que la culture nous avait déjà enseigné après 68, avec la vague érotique des vamps suédoises, que les Nordiques sont plus précoces et peut-être plus « chaudes » que les femmes du Sud. Ce caractère de précocité est en relation avec l'horloge interne qui se réveille à la puberté pour la sécrétion des hormones sexuelles. Le réveil hormonal stimule les ovaires et provoque le développement des organes sexuels : vulve, vagin, utérus, seins, pilosité du pubis et des aisselles. C'est d'ailleurs cette pilosité qui donne son nom à la puberté (*puber* = poil). Le fait majeur de cette période pubertaire est la sécrétion nocturne de l'hormone lutéinique (LH) commandée par une neurohormone (LH-RH) sécrétée par l'hypothalamus qui est situé au centre hormonal du cerveau. Ce n'est qu'au moment où le système hypothalamus-hypophyse est mature que cette sécrétion peut commencer et la puberté s'amorcer. Or cette maturation de l'hypothalamus semble liée au degré d'insolation, qui est inverse entre le

Nord et le Sud, l'action intense du soleil ralentissant le processus de maturation. C'est la raison pour laquelle les filles du Nord sont plus précoces que celles du Sud. Les premières règles apparaissent plus tôt chez les jeunes Nordiques et les Scandinaves que chez les Italiennes ou les Nord-Africaines.

Cette influence de l'ensoleillement a été confirmée par des études menées sur les non-voyants : la puberté survient en moyenne plus tôt chez les jeunes filles aveugles que chez celles qui voient[9], et cette différence est parfois très importante, de deux à cinq ans suivant les pays.

Les habitudes culturelles et les traditions morales amplifient ou réduisent cet écart suivant l'image que la société veut donner de ses filles jeunes. Le préjugé « sexuel » des filles du Sud, très répandu au XIXe siècle, âge de la colonisation, était certainement lié à l'image des sociétés qui mariaient les filles très jeunes, parfois même encore nubiles. L'apparence libertine des Suédoises de 68 était, quant à elle, plutôt l'expression de l'austérité morale d'une société pudibonde qui reléguait la sexualité dans le secret des familles et contraignait les jeunes filles libérées à vivre leurs pulsions en dehors du pays.

J'aime sa voix

Quelle femme n'a pas, un jour ou l'autre, été sous le charme d'une voix masculine ? Parfois même à son insu. Combien d'autres sont tombées amoureuses d'un chanteur de charme qu'elles n'avaient jamais rencontré, sinon à travers ses chansons ? Pourquoi les crooners américains cultivent-ils un certain type de voix lente, grave et chaleureuse ?

Une femme peut tomber amoureuse sans comprendre les paroles d'une chanson, par la magie de la voix et son effet sur une zone érogène très sensible, la plus sensible peut-être pour une femme, car elle est située au creux d'un conduit intime : le tympan. Parmi les zones gâchettes du désir féminin, on néglige souvent l'ouïe, contenu et musicalité du langage, qui est certainement l'une des stimulations les plus recherchées par les femmes. Car la voix parle au cerveau émotionnel et les mots qu'elle véhicule parlent au cerveau inconscient. L'attention soutenue par la force du désir crée si facilement une relation hypnotique que la voix apparaît comme le vecteur privilégié du désir féminin. Des mots prononcés par un homme sont nécessaires, voire indispensables, pour qu'une femme s'abandonne à l'amour, depuis le premier moment, celui de la rencontre et de la séduction, jusqu'à l'intimité la plus profonde. Françoise Giroud en témoigne dans *Mon très cher amour...* : « J'aimais les mots dans l'étreinte, la nudité des mots indicibles lors de l'étreinte, il les avait prononcés[10]. » Ce canal sensoriel est trop souvent ignoré, ou sous-estimé, par les hommes car ils y sont moins sensibles et n'en comprennent pas l'importance. Et ce n'est pas faute que leur partenaire le leur ait répété : « J'aimerais que tu me parles, que tu me parles de toi, de moi, de nous… mais tu ne dis rien. »

Le malentendu est fréquent, d'un l'homme qui ne parle pas et d'une femme en attente d'échange et de parole. Comme s'ils ne partageaient pas la même langue, aucun ne comprenant l'attitude de l'autre. Il suffit cependant de très peu de chose pour dépasser ce dialogue de sourds. À l'homme d'apprendre à écouter et à la femme d'exprimer son besoin d'échange, ce que généralement aucun ne fait puisqu'il ne comprend pas le mutisme de l'autre. Les hommes et les femmes sont de nature différente, il leur faut aujourd'hui apprendre, ou parfois inventer, un langage commun.

La voix, c'est aussi la voix féminine qui possède un formidable pouvoir sur les hommes. Certaines l'ont compris et en jouent pour séduire, d'autres ne le savent pas et passent à côté d'une ressource érotique fondamentale. Elles pourraient en effet ranimer leur couple si elles acceptaient de se laisser aller à exprimer des mots ou même des non-mots. Car la voix d'une femme est un formidable stimulant érotique pour son partenaire. Ce peuvent être des mots d'encouragement, signifiant le bonheur dans la progression du plaisir, des paroles d'amour stimulantes de l'érection, des cris, des murmures, des signaux sonores témoignant de l'abandon amoureux et entretenant la tension de l'excitation.

Ce sont enfin les sons qui accompagnent l'orgasme comme un geste vocal au-delà du langage, qui dit la plénitude du bonheur. Cette étonnante narration du coït qui date de 1855, décrit ces « mots inconnus » qui accompagnent l'orgasme : « Tandis que chez l'un la volupté se traduit par quelques tressaillements à peine sensibles, elle atteint chez l'autre le paroxysme de l'exaltation tant morale que physique [...]. La respiration se suspend par la contraction spasmodique du larynx, et l'air, quelque temps comprimé, se fait enfin jour au-dehors, à travers des paroles sans suite et des mots inconnus[11]. »

Caresses intimes

« Emmanuelle trembla de toute sa chair. Ses jambes se séparèrent et elle souleva légèrement le pubis [...]. Elle se cambra, cria plaintivement pendant de longues minutes. Les mains continuèrent leur office sur les bouts sensibles de sa poitrine jusqu'à ce que l'orgasme décrût, se calmât, la laissât inerte et molle[12]. »

En 1997, en écrivant l'*Éloge de la masturbation,* j'étais certain de destiner ce livre aux femmes, pour lesquelles il me semblait être une nécessité par son discours déculpabilisant. Je l'espérais libérateur des consciences, sinon des actes. Le succès en a été important, j'ai fait de nombreuses dédicaces, mais paradoxalement... à des hommes ! J'en ai été le premier surpris. Les hommes venaient d'eux-mêmes, intrigués par ce que l'on pouvait dire de la première pratique sexuelle masculine, ou parfois poussés par leur compagne que l'on voyait être intéressée, mais qui n'osait pas demander le livre elle-même. J'ai pris alors conscience que le mot *masturbation*, que j'avais utilisé de façon générique pour parler à la fois aux hommes et aux femmes, était encore blessant pour une femme, trop masculin, et que les femmes utilisaient un autre terme pour parler d'auto-érotisme : *les caresses*. Au point qu'en consultation de sexologie, je dois fréquemment demander à une femme qui utilise ce terme, *caresse*, ce qu'elle veut signifier : les caresses corporelles ou la masturbation. Ce plaidoyer que je désirais faire aux femmes, je le fais maintenant.

Non, la masturbation n'est pas anormale, elle n'est pas condamnable ni coupable. À l'inverse, je peux dire qu'il est « beau, bien, bon, agréable, convenable, simple, excellent, décent, louable, méritoire, utile, habituel, ordinaire, stimulant, remontant, vivifiant, excitant, troublant, grisant, juste, bienséant, naturel... de se masturber, que l'on soit un homme ou une femme, et surtout si l'on est une femme, car il est encore trop fréquent que les femmes et les jeunes filles – c'est très rare pour les hommes – n'osent pas s'abandonner à l'auroérotisme, alors que ça leur ferait le plus grand bien[13]. »

La masturbation est moins pratiquée par les femmes que par les hommes, du fait de cette culpabilité sociale encore très répandue. Si 84 % des hommes ont pratiqué au moins une fois dans leur vie la masturbation, les femmes ne sont que 42 % en moyenne[14]. Cette pratique peu marquée chez les dix-huit-vingt ans (34 %) devient plus fréquente dans la tranche des vingt-cinq-trente-quatre ans

(59 %) qui découvrent leur corps et sa disponibilité. La masturbation féminine est alors très riche et beaucoup plus variée que celle de l'homme par le doigt, le serrement des cuisses, la contraction des fesses, la compression du pubis, le frottement de la vulve... par des mouvements circulaires ou de va-et-vient. L'érotisme féminin est infini, à la mesure de la disponibilité personnelle et de la découverte que la femme a faite de son corps.

L'autoérotisme et la masturbation jouent ainsi un rôle considérable dans l'épanouissement féminin en permettant un apprentissage des réactions sexuelles avec soi-même avant de pouvoir les vivre avec un tiers. Si la femme ne se connaît pas, ou peu, elle a souvent des difficultés à guider son partenaire pour la satisfaire. Elle lui en voudra et le rendra responsable de son insatisfaction. À l'inverse, si elle parle et se connaît bien, elle peut retrouver ses impressions les plus intimes en le lui demandant très clairement et en le guidant dans cette exploration d'elle-même : « Touche-moi comme je me touche. »

L'amour, ça fait mal !

Ce cri de douleur que nous avons si souvent entendu dans la bouche de nos patientes, ne devrait plus être prononcé, car il faut le répéter : l'amour ne fait pas mal, il fait du bien !

Ce sont évidemment des générations de femmes maltraitées, mal informées et mal préparées, qui ont, de bonne foi, transmis cet avertissement à leur fille, car le fondement de l'éducation est de prévenir le danger, de renforcer les sauvegardes, pour plus de bien-être. Il s'agit d'une idée fausse qui a conduit pendant des siècles les femmes à subir leur vie sexuelle et en conséquence à souffrir de chaque rapport.

Car les rapports douloureux existent, contrairement à cette autre idée fausse soutenue par des hommes qui prétendent que les femmes sont des « menteuses », qu'ils leur donnent du plaisir et non de la douleur. Les dyspareunies sont des douleurs génitales déclenchées par le coït, dès la pénétration ou lors du rapport. Elles peuvent être en lien avec un problème gynécologique, mais ce n'est pas fréquent. Elles sont le plus souvent l'expression d'une tension interne d'anxiété, de refus, d'insatisfaction... Elles perturbent la relation intime sans toutefois empêcher le plaisir, dans la plupart des cas. Mais elles sont toujours un frein à l'intimité du couple, une façon inconsciente de dire *non* au rapport sexuel. Et cette douleur déclenche souvent un symptôme chez l'homme – impuissance ou éjaculation rapide –, une manière de préserver la partenaire en écourtant le rapport ou en le rendant impossible. Le vaginisme emprunte les mêmes mécanismes en rendant toute pénétration impossible ou très douloureuse.

Il existe plusieurs causes, réelles ou fantasmées, à ces rapports douloureux. Tout d'abord la méconnaissance, par les hommes, mais aussi par les femmes elles-mêmes, de la physiologie féminine. Une femme ne doit accepter aucune pénétration si l'excitation n'est pas suffisante, si le corps et l'esprit n'y sont pas prêts. Du fait de cette méconnaissance et de l'acceptation féminine, l'homme qui par nature a une érection immédiate, peut être extrêmement violent et de façon répétée, ce qui majore encore ce symptôme puisque la douleur entraîne une crainte des rapports et empêche la détente de la région génitale.

La réalité du viol ou des abus sexuels de l'enfance est encore une cause de rapports douloureux car le souvenir du traumatisme ne permet pas à la femme de s'abandonner. La douleur est là pour rappeler l'inacceptable, souvent enfoui dans la mémoire. Un travail psychothérapique et sexologique est nécessaire pour libérer la femme blessée de ce souvenir traumatique qui perturbe la relation avec son conjoint.

La persistance d'une représentation infantile de l'appareil génital est une autre source de difficultés relationnelles : « Comment un pénis aussi gros que le sien pourra-t-il pénétrer dans mon orifice si petit sans le déchirer ? »

C'est enfin le fantasme de la violence imaginée de la scène primitive qui entretient encore le mythe des rapports douloureux. De nombreuses femmes le racontent : « J'étais petite quand j'ai entendu papa et maman faire l'amour. C'était une nuit, ça m'a réveillée, j'ai entendu un coup contre le mur, et maman qui criait, comme si elle avait mal. Je ne l'oublierai jamais. »

La vie est faite de nos expériences et de nos fantasmes, mais aussi des images sociales de notre époque. Si elle est trop difficile à vivre, il faut être aidé par une psychothérapie, pour la compréhension du monde quand le rêve et la réalité sont trop mélangés.

J'ai peur des hommes

« Je n'y peux rien, j'ai peur qu'il m'approche. Alors il est malheureux et moi aussi, parce que c'est lui que j'aime. Et je n'y comprends rien. »

La peur du sexe recouvre souvent une crainte en rapport avec une expérience personnelle (viol, abus sexuel, inceste) ou un mythe familial entretenu par des proches : « Tu sais, ma fille, ils sont tous comme ça, méfie-toi, ne t'en approche pas ! » Ce raisonnement très puritain permettait autrefois de garder bonne conscience car une femme honnête, une femme qui se respectait, devait craindre l'homme : « Si tu n'en as pas peur, tu n'es qu'une putain ! » Il ne faut pourtant pas croire que ces invectives relèvent du passé, on les entend encore aujourd'hui.

La peur du sexe se traduit essentiellement par une crainte de la pénétration, provoquant le plus souvent un vaginisme, c'est-à-dire une contraction involontaire du vagin, empêchant toute tentative de pénétration. La contraction des adducteurs, ces muscles tendus à l'intérieur des cuisses entre le pubis et la partie basse du fémur, constitue le premier rempart de la forteresse féminine. C'est une formidable « pince » musculaire, involontaire et invincible, qui décourage les plus intrépides. C'est le signe externe du vaginisme, ce système très élaboré de contractures musculaires et de spasmes des parois vaginales qui empêche toute tentative, même de l'examen gynécologique. Enfin, la tension des muscles releveurs de l'anus, en arrière du vagin, interdit tout passage de l'orifice vulvaire. On peut dire que l'ensemble de la musculature, volontaire et involontaire, est au service de la commande inconsciente pour repousser tout intrus dans cette région.

Cette phobie de la pénétration, entretenue par une immaturité érotique et la crainte du partenaire, peut durer très longtemps, parfois pendant des années, tout du moins tant que le conflit personnel n'est pas résolu et tant que l'homme sera conciliant ou même « complice » malgré lui, c'est-à-dire tant que dure le bénéfice inconscient de cette situation : ne pas avoir de sexualité par pénétration. Le partenaire de la femme vaginique est toujours un homme inoffensif : c'est d'ailleurs pour cela qu'elle l'a choisi car il est le seul à ne pas menacer son fragile équilibre. S'il accepte la situation, le couple s'organise à long terme dans une sexualité de type infantile ou adolescent, obtenant du plaisir par masturbation réciproque, sans pénétration. C'est ce que nous appelons le mariage non consommé, et qui n'est en définitive pas si rare que cela.

« Depuis tout enfant, dès l'âge de huit ans, j'avais décidé de ne me marier qu'avec quelqu'un qui aurait les mêmes convictions religieuses que moi, confie Patricia, trente-deux ans. Pendant cinq ans, j'ai dit non. Non à tous les hommes qui s'approchaient de moi. Ensuite, pendant deux ans, j'ai refusé à mon fiancé d'avoir des relations avant le mariage alors qu'on était très excités, que l'on avait beaucoup de désir. Depuis que je suis mariée, plus rien n'est possible ! Ça fait maintenant deux ans et on n'a toujours pas eu de relations sexuelles. »

La personnalité de la femme vaginique est complexe, faite d'immaturité et de traumatismes infantiles. Certains auteurs ont voulu la réduire à une caricature, en distinguant trois types de « vaginiques » : l'innocente capricieuse, la rebelle fanatique, la martyre hypocrite[15]. Même si ces qualificatifs recouvrent une part de réalité, il faut comprendre que cette femme est en difficulté et que son couple est en péril. Une psychothérapie pourra l'aider à dépasser ses difficultés psychologiques, mais le plus souvent, c'est une sexothérapie qui permettra au couple en difficulté d'évoluer vers une sexualité plus mature et satisfaisante.

L'érection féminine

Voilà un concept « inconnu » ou nouveau, tout simplement parce qu'il s'agit d'une idée pédagogique personnelle que j'utilise depuis quelques années pour déculpabiliser et libérer la sexualité des femmes qui craignent le rapport sexuel. C'est aussi un pied de nez à l'attitude machiste de certains hommes : si les femmes avaient une érection, seraient-ils aussi fanfarons ? Eh bien oui, les femmes ont une érection, aussi méconnue d'elles-mêmes que de leurs partenaires !

Cette idée de correspondance entre le vécu masculin et le vécu féminin m'apparaît primordiale pour que la progression de l'excitation soit comprise par l'un et par l'autre et qu'elle puisse être partagée. Il ne s'agit nullement de prétendre que la femme a un pénis ni qu'elle fantasmerait l'érection, mais plutôt de reconnaître qu'il existe deux processus différents, l'érection masculine et l'érection féminine, qui ont leurs rythmes propres mais que l'intelligence amoureuse et l'expérience érotique peuvent permettre de synchroniser. Ce discours métaphorique s'avère aujourd'hui indispensable pour faire comprendre la nécessité d'une phase de préparation féminine à la sexualité alors que l'homme n'en a apparemment pas besoin.

Je ne parlerai ici que de la phase d'excitation, moment essentiel de l'amour, qui peut être, selon les cas, très courte ou durer infiniment. L'une des grandes difficultés pour un homme, c'est de se représenter la progression de l'excitation féminine sans faire référence, malgré lui, à son propre vécu. Une relative fausse idée vient également du schéma classique de Masters et Johnson figurant le cycle de la réponse sexuelle de l'homme et de la femme : il montre un profil « assez » stéréotypé pour les hommes, beaucoup plus modulé pour les femmes, attestant de la variété du comportement sexuel féminin. Mais cette représentation ne prend pas en compte la variable temporelle et donne l'impression que la phase d'excitation, masculine ou féminine, est à peu près identique dans le temps. Masters et Johnson insistent pourtant sur ce facteur temps : « Cette première phase (excitation) et la phase finale (phase de résolution) sont les plus longues de l'acte sexuel humain[16]. »

En réalité, cette phase est considérablement différente entre les hommes et les femmes qui présentent chacun un profil très spécifique. Sous l'action d'une stimulation efficace, l'érection du pénis est très rapide, 5 à 10 secondes chez les sujets jeunes, parfois plus lente chez certains (quelques minutes, voire 15 à 20 minutes chez des sujets plus âgés), le pénis est alors prêt à la pénétration. Un niveau d'excitation comparable pour l'appareil féminin, c'est-à-dire distension et vasocongestion des muqueuses, lubrification suffisante, sensation pour la femme d'être prête à la pénétration, ne se produit qu'en un temps considérablement plus long : 15 à 20 minutes pour les plus excitables (ce qui correspond à l'excitation lente de certains hommes âgés), 30 à 60 minutes pour beaucoup d'autres qui précisent : « Il me faut bien une heure de caresses... » Plus pour certaines encore : plusieurs heures, voire plusieurs jours. On peut alors comprendre la nature de cette période interminable : soit par méconnaissance de la femme par elle-même et impossibilité d'abandon ; soit par névrose ne permettant pas que l'excitation soit jamais atteinte, soit par sadisme envers le partenaire en mettant la « barre » au-dessus de toute réalisation possible !

Avec un soupçon de provocation, on pourrait dire que, dans l'absolu, il n'existe pas de femme « frigide », mais seulement des femmes dont la phase d'excitation est trop longue pour que le partenaire parvienne jamais à la réaliser. Une façon de mettre symboliquement la barre très haut, en somme. Certaines femmes le confirment en disant : « Je n'ai jamais eu de plaisir... Ah, si... l'été dernier, c'est arrivé une fois, c'était à la fin des vacances et pour la première fois on avait pris cinq semaines ! »

En dehors des difficultés d'abandon à l'amour, la différence du temps d'excitation suffisant à un homme et à une femme jeunes et disponibles à eux-mêmes est de l'ordre de 1 à 2 minutes pour un homme et de 20 à 30 minutes pour une femme. Comment expliquer cette différence, sinon par l'érection féminine ?

Au cours de l'érection du pénis, les corps caverneux qui sont de grands lacs vasculaires, se remplissent de sang par une sorte de pompe aspirante et par la fermeture des veines qui empêche le sang de repartir. L'érection est totale en quelques secondes. Chez la femme, le même mécanisme, beaucoup plus lent, mais en tous points similaire, demande 20 à 30 minutes.

Au repos, le pénis ne mesure que 7 à 10 cm[17], il a l'aspect d'un appendice mou, flasque et souvent ratatiné sur lui-même. Mais personne ne parle du vagin au repos, ni de l'appareil féminin, en dehors de l'acte sexuel, essentiellement parce qu'il est caché, qu'on ne le voit pas, et que la femme elle-même ne le sent pas. Ce que dit très justement Desmond Morris en affirmant avec humour : « Quand la femme est debout, on ne voit pas grand-chose[18]. »

À l'intérieur, le vagin au repos ressemble un peu à un pénis, il est également « ratatiné sur lui-même ». Les parois se sont resserrées l'une contre l'autre, la muqueuse est sèche, il ne mesure pas plus de 7 à 8 cm, ce qui est tout à fait comparable à la taille du pénis au repos mais incompatible avec la taille d'un sexe masculin en érection. Sous l'effet d'unc cxcitation érotique suffisante et satisfaisante, c'est-à-dire correspondant à ce qui est désiré par la femme, l'érection féminine est progressivement obtenue. La réaction première est une lubrification de la paroi vaginale qui ne doit pas faire croire à l'homme, ni à la femme, qu'elle est prête à la pénétration. (Ce n'est qu'un *accord humide* !) L'équivalent masculin est constitué par cette goutte de liquide lubrifiant (ce n'est pas du sperme) qui vient humecter le gland du pénis lorsqu'il est en érection complète.

Le processus se poursuit par le remplissage progressif des lacs sanguins. Tout comme l'homme, la femme possède des corps caverneux, répartis dans le « genou » et le gland du clitoris, et des corps spongieux dans les bulbes vestibulaires, sous la peau des petites lèvres et à l'entrée du vagin.

Ces organes érectiles se gorgent de sang et dilatent les tissus qui les entourent. Le vagin commence alors à s'allonger et à s'épaissir. Les parois « transpirent » un liquide de lubrification et sont animées de mouvements d'extension tandis que le col de l'utérus s'élève en ménageant un espace à l'intérieur du vagin prêt à accueillir un sexe masculin, quelle qu'en soit la taille. Le vagin au repos ne mesurait que 7 à 8 cm de long, il fait maintenant 11 à 12 cm et peut se dilater considérablement en largeur. L'érection est presque complète[19]. La paroi vaginale, faite d'un muscle souple, est alors capable de se « mouler » et de prendre la taille de toute forme qui la pénètre. L'appareil génital féminin est prêt à la pénétration. L'érection féminine est terminée.

Cette notion « symbolique » d'érection féminine doit d'abord rassurer les femmes quant à leur capacité érotique : elles bandent, comme les hommes, et pas moins, mais en un temps nettement plus long qui ne doit pas être considéré comme un handicap ou une infériorité. C'est au contraire ce temps de préparation qui permet l'érotisation de la relation, c'est-à-dire la dimension humaine de l'amour. Elle doit ensuite rassurer les filles jeunes sur la physiologie du coït : lorsque cette érection est suffisante, il n'y a aucun risque de douleur, de tension ou de déchirure car le vagin se moule sur le sexe de l'homme. Mais il n'y a aucune raison d'accepter une pénétration quand on n'y est pas prête.

Cette idée simple de l'érection féminine doit enfin permettre d'éviter les mauvaises synchronisations amoureuses par méconnaissance de la physiologie. Jamais il ne viendrait à l'idée d'un homme de tenter une pénétration alors que son sexe est au repos, flacide et « ratatiné sur lui-même » ! Or c'est exactement ce que tente ce même homme lorsque, en érection, il essaie de pénétrer le vagin au repos de sa compagne. Mécaniquement ce n'est pas possible. Si le couple est très expert en amour, il y arrivera par le jeu progressif d'une excitation bien menée. Si le couple est inexpérimenté et que la partenaire ne sait pas refuser, de peur de décevoir ou de ne plus être aimée, la douleur s'installe puis la déception et le désamour. Moralité : pas d'accouplement sans érections mutuelles complètes et surtout sans acceptation totale. Une femme doit pouvoir et savoir dire non.

Jouissance obligatoire

Nouveau terrorisme d'une sexualité libérée, le sexe doit être jouissif et il faut en apporter la preuve : « Es-tu heureuse ? As-tu joui ? Un orgasme ? Plusieurs ? » Beaucoup d'hommes sont aujourd'hui pressants et interrogateurs car ils se sentent investis d'une mission, faire jouir leur partenaire, sinon ils ne sont pas des hommes et, pensent-ils, elles les rejetteront.

Cet interrogatoire insupporte souvent la femme qui voudrait une relation plus intuitive, plus spontanée, et qui ne comprend pas que l'homme avec qui elle fait l'amour ne sache pas ce qu'elle ressent. La seule explication qui lui vient à l'esprit est qu'il ne s'intéresse pas à elle.

Contrairement à une idée fausse, surtout répandue chez les femmes, il n'est pas facile, ni quelquefois possible, à un homme de savoir si sa partenaire a eu ou non du plaisir, ou un orgasme au cours du rapport car, nous disent encore Masters et Johnson : « Il est "prisonnier" de ses propres sensations et ne peut pas toujours reconnaître les signes physiques de l'orgasme féminin[20]. » Enfin, beaucoup d'hommes craignent que leur partenaire ne fasse semblant.

L'idée que l'orgasme féminin est nécessairement explosif (« La réelle beauté de l'amour, c'est ce cri qu'elles poussent en jouissant[21] ») fait encore douter un homme si le plaisir ne « se voit pas ». Mais toutes les femmes ne sont pas démonstratives et le plaisir féminin peut être discret comme violent, intériorisé comme fortement exprimé, différent d'une femme à l'autre ou chez la même femme selon les moments, selon l'accompagnement amoureux, le climat passionnel. « Bien que les mécanismes réflexes de l'orgasme soient assez uniformes, certains orgasmes sont doux, irréguliers ou tendres, alors que d'autres sont explosifs[22]. »

Cette exigence de la jouissance orgasmique est un peu équivalente à l'exigence virile pour l'homme. De nombreuses femmes sont ainsi bloquées dans leur vécu sexuel par ce qu'elles croient être une obligation ou une nécessité morale. Cela se traduit par une forte culpabilité suscitant des tensions nerveuses qui s'opposent à l'abandon physique nécessaire au plaisir. Nous sommes dans un cercle vicieux qu'il faut rapidement interrompre. « Chaque fois, je sens que je vais avoir du plaisir, mais je n'y arrive jamais... C'est un peu comme si le plaisir s'arrêtait en chemin... Je sens que ce n'est pas loin... Et lui, il attend tellement que je jouisse et que je le lui dise, qu'à chaque fois il est déçu... Je suis désespérée... Je crois que je n'y arriverai jamais... »

Cette tension empêche la progression vers l'orgasme. Le rapport devient alors « interminable », car « il n'aboutit pas ». Ce sont les termes utilisés par ces femmes extrêmement tendues qui poursuivent la phase en plateau sans résolution orgasmique. Un sentiment de frustration et d'incomplétude accompagne cet acte toujours décevant dont elles n'osent pas parler. Un travail de « lâcher prise » en relaxation et quelques conseils sexologiques sont souvent suffisants, si la situation ne dure pas trop longtemps : « Avant, il me disait que ça n'allait pas et pour moi il fallait absolument que j'aie ce plaisir à la fin, ce plaisir que je n'avais pas. Je me bloquais en pensant que je n'allais pas avoir mon orgasme, alors que lui, il l'avait. Et comme je ne l'avais pas, j'avais une douleur intense à force d'être tendue. »

« Vous m'avez expliqué et tout a changé. C'est beaucoup mieux depuis que vous m'avez dit qu'il n'était pas obligatoire de jouir, pas nécessaire d'attendre l'orgasme. Depuis, je ressens beaucoup plus de jouissance et de plaisir. Je n'ai plus mal et j'ai du plaisir tout le temps et de façons différentes. » La libération des fausses croyances prend ici tout son poids. Il faut encore démythifier l'orgasme et réhabiliter les autres sensations de plaisir, non orgasmiques, qui ne sont pas moindres, mais différentes et tout aussi jouissives.

Le plaisir

Je ne connais pas de terme plus polysémique, que *plaisir* au féminin : *être au comble du bonheur, avoir du contentement, être heureuse, faire la petite joie, atteindre la jouissance*, etc. L'écrivain Colette n'en parle qu'au pluriel : « Ces plaisirs qu'on nomme à la légère physiques. » La notion de plaisir se distingue alors nettement de celle d'orgasme pour désigner une gamme très étendue et personnelle de sensations amoureuses plaisantes : « J'ai beaucoup de plaisir et de plein de façons différentes », confie cette jeune femme qui vient de découvrir que le plaisir ne se résume pas à l'orgasme. Cela peut paraître surprenant pour les hommes, chez qui domine une sensation suprême, et le plus souvent unique, l'orgasme, mais aussi pour de nombreuses femmes qui sont à la recherche de cette « sensation unique ». C'est d'ailleurs cette tension obsessionnelle vers l'orgasme qui empêche le plus souvent de percevoir les nuances infinies des « autres » plaisirs, alors que la voie pour arriver à l'orgasme est au contraire de diversifier la sensibilité sans se focaliser sur un but précis.

La plupart des thérapeutes connaissent bien cette notion de « plaisir sexuel » qui, pour beaucoup de femmes, est aussi importante sinon plus que l'orgasme lui-même, mais qui ne doit pas devenir une obsession.

Notre société a été maltraitée du côté du plaisir. L'Antiquité cultivait l'hédonisme, les épicuriens l'affirmaient haut et fort : « La vie, c'est le plaisir ou rien, professait Palladas d'Alexandrie, jouissons aujourd'hui, nul ne connaît demain[23]. » Un judéo-christianisme assassin a ensuite étouffé le désir et banni la jouissance de l'ordre du quotidien. Le philosophe Spinoza le dit clairement : « Seule une farouche et triste superstition interdit de prendre des plaisirs[24]. » La répression du plaisir a ainsi duré pendant des siècles, les habitudes ont été prises de refouler les pulsions et de culpabiliser le sexe. Cette attitude justifia toutes les dérives : « Ce ne sont pas les plaisirs qui sont malfaisants, nous dit Charles Fourier, mathématicien et philosophe au XVIIIe siècle, mais seulement la rareté des plaisirs, d'où naît l'excès. » Ce terme fait aujourd'hui partie des aspirations légitimes du vécu amoureux, mais il est aussi au centre des difficultés de cet accomplissement.

On a cherché mille façons pour permettre l'accès au plaisir sexuel à ceux qui n'y parvenaient pas. La voie royale est certainement d'avoir une bonne connaissance de soi, tant physique que morale, c'est-à-dire pas trop de névrose ni d'inhibition, et d'avoir exploré et « apprivoisé » les réactions émotionnelles de son propre corps pour pouvoir les vivre avec le partenaire de son choix. Buffon le disait magnifiquement : « Nos vrais plaisirs consistent dans le libre usage de nous-mêmes[25]. » Ce n'est jamais totalement facile.

Orgasmologie

La quête moderne du plaisir et les solutions de la sexologie aux troubles sexuels, ont éveillé de nombreuses critiques, notamment de la part de la psychanalyse qui a parlé d'*orgasmologie*, c'est-à-dire d'une discipline qui ne chercherait qu'à permettre l'obtention de l'orgasme, artifice illusoire. On peut retourner l'argument en rappelant l'aspiration des hommes et des femmes d'aujourd'hui à vivre une plénitude amoureuse, physique et sentimentale, souvent symbolisée par cet orgasme mythique, tant il est certainement absent du vécu de nombreuses femmes. Une étude récente de Waterman et Chianzzi[26] a clairement montré que la satisfaction sexuelle féminine était très liée à la qualité de l'orgasme et que son absence ou sa rareté étaient synonymes d'insatisfaction sexuelle. « Je n'ai jamais eu d'orgasme. Je suis bien avec lui, j'aime bien faire l'amour, mais je ne ressens rien et ça commence à ne plus m'intéresser. D'ailleurs, on a de moins en moins de rapports. »

Cette obsession sociale qui a d'abord été revendiquée par les mouvements féministes, est certainement le résultat de nombreux siècles d'oppression masculine et de négation de la femme dans sa sexualité et son plaisir. Jusqu'au XXe siècle, de nombreuses personnes, le clergé bien sûr mais aussi des autorités médicales, soutenaient que la femme ne pouvait pas avoir d'orgasme. Elle devait passivement remplir son devoir conjugal et ne pas éprouver de plaisir lors du coït. À l'opposé des gourgandines et des filles de joie qui, bien sûr, jouissaient, une « dame de qualité » se devait de ne pas avoir d'orgasme. On connaît la controverse de l'Église : les femmes ont-elles une âme ? Et un orgasme ? En matière de sexe, la question ne se posait même pas : les femmes n'avaient pas d'orgasme, de la même façon qu'on refusait le plaisir aux animaux car, c'est bien connu, seuls les hommes avaient cette capacité !

« Si une stimulation sexuelle efficace se poursuit suffisamment longtemps au cours de la phase en plateau, nous expliquent Masters et Johnson, le stade suivant peut être atteint : le corps libère brutalement toute la tension sexuelle accumulée, sous forme d'un pic d'excitation sexuelle que l'on appelle *orgasme*[27]. » Le mot est lâché : *orgasme*, directement tiré du grec, il désigne « un fruit mûr, plein de sève, prêt à être cueilli », donc qui déborde d'ardeur et de passion. Il illustre parfaitement ce paroxysme de l'acte sexuel comme aboutissement d'un état de tension qui a permis sa maturité. Car toutes les difficultés d'accès à l'orgasme peuvent se résumer à ce principe d'une insuffisance ou d'un excès de la tension sexuelle. Au-delà de la notion de plaisir intense attachée à l'orgasme, son lien avec la tension sexuelle nous en fait comprendre une fonction plus générale : l'orgasme permet de décharger les angoisses et l'agressivité, il est générateur de bien-être.

L'orgasme féminin est un « orage » qui ne se limite pas à la région génitale, mais plus largement peut diffuser à l'ensemble du corps. Ce sont d'abord des contractions rythmées de l'utérus et du tiers externe du vagin, cette région que l'on appelle la « plate-forme orgasmique », mais aussi de la région de l'anus. Les contractions, d'abord intenses et rapprochées (une toutes les 0,8 seconde), faiblissent progressivement, mais se propagent à d'autres régions du corps. De nombreux muscles se contractent dans un accompagnement de l'orgasme tandis que les sensations semblent être un instant « suspendues » avant la perception d'un plaisir intense.

La jouissance féminine reste toujours un mystère. Biologiquement, elle ne semble pas indispensable à la fécondité, si ce n'est peut-être pour permettre l'ascension du sperme dans les voies génitales. Une autre finalité de l'orgasme est peut-être la stimulation qu'il donne au partenaire pour recommencer son acte et augmenter les chances de fécondité. Dans l'idée de son inutilité naturelle, on peut imaginer d'autres hypothèses. Par exemple, pour Jacques Waynberg, la non-jouissance de certaines femmes serait la cause de leur grande sensualité : « Il faut voir dans cette étonnante liberté qui est laissée aux femmes de ne pas jouir, la source de leur plus grande sensualité[28]. » L'absence de finalité immédiate de l'orgasme justifierait enfin la possibilité de non-jouissance qui fait défaut aux hommes, puisque le plaisir accompagne presque obligatoirement l'éjaculation. La non-jouissance, privilège des femmes, serait alors un moyen inconscient de dominer les hommes !

Vaginales et clitoridiennes

Tout le monde sait, ou croit, qu'il existe deux sortes de femmes : les vaginales et les clitoridiennes. Cette fatalité explicative confine beaucoup d'entre elles à la résignation et à l'acceptation passive de cet « état de fait ».

C'est certainement l'idée fausse qui a fait le plus de mal aux femmes et à leur couple. En réalité il n'existe pas deux catégories de femmes, il n'y a pas de vaginales ni de clitoridiennes, mais seulement des femmes qui vivent, comme elles le peuvent, une sexualité qui ne leur a pas été expliquée, et à qui l'on a dit qu'une femme ne pouvait être que vaginale ou clitoridienne. Alors elle s'observe, se pense d'une catégorie et s'y conforme.

Cette idée est encore celle d'un moment et elle est due aux continuateurs de Freud qui ont propagé et répandu cette notion, devenue populaire, que Freud lui-même a pensée dans un contexte particulier, au début du XXe siècle. Il considérait alors que les orgasmes clitoridiens traduisaient une immaturité psychique parce que le clitoris était, pour lui, au centre de la sexualité infantile. L'orgasme adulte et mature était l'orgasme vaginal car reflétant une vie sexuelle dite « normale », symbolisée par le primat du phallus, c'est-à-dire la pénétration du pénis dans le vagin, seul acte à visée fécondatrice. Freud ira même plus loin en préconisant « l'élimination de la sexualité clitoridienne » comme « condition du développement de la féminité[29] », c'est-à-dire qu'une femme ne pouvait être vraiment femme, adulte et mature, que par l'abandon de la sexualité infantile, dite clitoridienne, et par l'accès à la jouissance vaginale. Car, précisait-il, « la masturbation est une activité masculine ». Cette conception était encore celle d'un ordre machiste, des hommes dominant les femmes, et un reliquat XIXe siècle des idées négatives sur la masturbation.

À une époque où l'on ne connaissait pas la physiologie sexuelle, où l'on n'avait aucune idée réelle du fonctionnement génital, cette idée simple trouva immédiatement une confirmation dans le vécu des femmes qui se disaient elles-mêmes *vaginales* ou *clitoridiennes*, selon l'observation de leur vécu, comme si c'était une donnée de la nature. Mais le fait même de dire qu'il existe des catégories, empêche de penser autrement. C'est ce qui amena la plupart des filles jeunes, se connaissant mal et ne jouissant que par masturbation, à penser qu'elles étaient « clitoridiennes » et donc qu'elles ne pouvaient pas avoir de plaisir autrement. Il leur fallait donc s'y résigner.

Si, au contraire, comme on le sait aujourd'hui, il n'existe pas deux sortes de femmes dans la jouissance mais une seule, le fait même de lever ces catégories suffit souvent à être libérateur des comportements : « Depuis que vous m'avez dit qu'il n'y avait pas de différence entre l'orgasme vaginal et l'orgasme clitoridien, je me suis sentie très libre. J'ai été surprise de penser que je pouvais avoir d'autres sensations. Avant, ça ne m'avait jamais effleurée, c'est comme si une barrière infranchissable limitait ma jouissance. Et cette barrière vient de tomber. »

En réalité, il n'existe qu'un seul type d'orgasme. C'est ce que Masters a montré par ses études physiologiques[30] : il est toujours centré sur le foyer clitoridien, l'orgasme vaginal n'étant qu'une amplification profonde du plaisir clitoridien. C'est uniquement lorsque le niveau d'excitation et de détente est très important que l'orgasme peut être déclenché par la stimulation de presque toute la région génitale, le clitoris bien sûr, mais aussi par le frottement des lèvres entre elles, la pénétration vaginale, le frottement interne du pénis sur les parois du vagin, ou encore la pénétration de l'anus, lorsque cette excitation est à son maximum. Il n'y a donc pas de zone sexuelle privilégiée, à part le clitoris, et l'on ne dit pas d'une femme qu'elle est une *labiale* (si elle jouit par le frottement des lèvres), ni une *anale*, alors pourquoi serait-elle *vaginale* ou *clitoridienne* ? Ces catégories discriminatoires doivent être abandonnées car elles sonnent comme un jugement négatif, voire raciste (« Tu n'es qu'une clitoridienne ! »), qui a limité la liberté sexuelle de plusieurs générations de femmes.

Non ! il n'existe pas de vaginales ni de clitoridiennes, toutes les femmes sont femmes avec une potentialité à jouir qui dépend de leur capacité à l'abandon et des conditions érotiques de leur relation intime.

Infantile, le clitoris !

Infantile, le clitoris ? Certainement pas ! Il est au contraire la clé de la jouissance féminine tout au long de la vie. C'est d'ailleurs l'étymologie du mot : dans la langue latine, *clitoris* signifie « la clé ». Et toutes nos connaissances récentes en matière de sexualité féminine le confirment : le clitoris est la clé de la jouissance, c'est par lui que tout commence, c'est autour de son foyer d'excitation que s'organisent la montée du plaisir et le déclenchement de l'orgasme.

Paradoxalement le clitoris est l'organe le moins connu du corps humain, alors que le pénis est touché, regardé, décalotté. Quel homme et quelle femme en ont fait autant pour le clitoris ? Comme le raconte Gérard Zwang, à l'image d'un voyageur explorant une terre inconnue, « passé le bord interne des grandes lèvres, le voyageur initié n'a franchi qu'un premier cercle. De l'humide vallon féminin émergent les efflorescences du capuchon et des nymphes : elles sont une deuxième étape, avant le troisième et dernier cercle, celui où s'ouvrent les orifices secrets[31] ». Le sexe de la femme est un sanctuaire sacré dont l'anatomie n'est connue que de quelques initiés. Il ajoute : « Presque toujours caché, voilé par le prépuce féminin que beaucoup ne savent même pas pouvoir retrousser, il n'est pas exagéré de considérer le gland clitoridien comme le plus secret des organes externes du corps humain[32]. »

Au cours du cycle sexuel, le clitoris joue le rôle essentiel de zone déclencheuse de l'excitation, puis de la jouissance féminine. Sous une stimulation efficace du doigt, de la langue, de la bouche... le clitoris entre progressivement en érection, il se gorge de sang, notamment au niveau du gland. La poursuite de cette stimulation engorge toute la région vulvaire, le clitoris semble alors disparaître entre les lèvres congestionnées et le capuchon qui le recouvre. Cette « disparition » du clitoris est parfois mal comprise par le partenaire qui interrompt alors sa stimulation. C'est au contraire un signe de la poursuite de l'excitation et de l'approfondissement des réactions sexuelles. L'excitabilité s'étend alors, de proche en proche, à partir du foyer clitoridien, à toute la région génitale, plus largement vers l'avant et le mont de Vénus, vers l'arrière, l'orifice vaginal et l'anus, mais aussi en profondeur à l'intérieur du vagin. C'est à ce moment que les régions qui ont été progressivement gagnées par l'excitation pourront être stimulées pour déclencher l'orgasme. C'est pour toutes ces raisons que l'on affirme que l'orgasme vaginal n'est que l'amplification profonde de l'orgasme clitoridien.

La plupart des études montrent que seulement 30 à 40 % des femmes ont régulièrement un orgasme au cours du coït. Dire que le clitoris est infantile reviendrait à prétendre que la majorité des femmes seraient immatures. Ce n'est certainement pas une réalité !

Plusieurs facteurs tendent cependant à limiter la progression de l'excitation et à rendre l'orgasme vaginal plus difficile à atteindre : ce sont parfois des facteurs physiques, mais surtout des dispositions psychologiques ou relationnelles qui, elles-mêmes, modifient certainement la physiologie de la femme lorsque le blocage dure longtemps. L'absence d'orgasme au cours du rapport est souvent en relation avec un climat conjugal difficile, une mauvaise communication, de la crainte, de l'hostilité envers le partenaire, l'absence d'un contexte amoureux... Enfin, pourquoi ne pourrait-on pas parler de « préférence » lorsque certaines femmes préfèrent l'orgasme masturbatoire à l'orgasme coïtal, les caresses et le plaisir cutané à l'orgasme profond ?

En fait il n'existe pas une seule échelle de valeurs, étalonnée sur l'idée très masculine de la suprématie du coït, mais certainement de nombreuses évaluations très personnelles à chaque femme et qui privilégient le vécu du plaisir qui leur semble le plus épanouissant. En 1970, *Le Rapport Hite* montrait très clairement que beaucoup de femmes préféraient l'orgasme masturbatoire parce qu'il était plus adapté à leur style ou à leur rythme amoureux et moins tributaire de celui du partenaire. D'autres études ont mis en évidence la valeur très forte que certaines femmes accordent au plaisir des caresses, souvent supérieur pour elles à l'orgasme coïtal, même si elles l'obtiennent facilement. Tout cela nous incite à relativiser la notion de plaisir féminin qui est multiple, riche et personnelle.

La disparition d'une hiérarchie de l'orgasme qui était centrée sur la domination masculine (« C'est l'homme qui fait jouir la femme au moment du coït ») est certainement libératrice pour toutes les femmes qui savent maintenant qu'elles peuvent jouir à leur rythme et selon leurs préférences. Mais bien plus que cela, ce nouvel ordre des choses est révolutionnaire pour l'équilibre conjugal qui se trouve profondément modifié : la femme n'est plus sous la tutelle de l'homme, un autre équilibre est à trouver qui nécessite aujourd'hui de *réinventer le couple*.

La chimère du point G

Ernst Grafenberg devrait être universellement connu comme l'inventeur, en 1928, de la méthode contraceptive la plus libératrice pour les couples : le stérilet. En réalité, son nom est plus fréquemment attaché à une particularité anatomique féminine mythique qu'il a décrite en 1950 : la sensibilité particulière de la face antérieure du vagin, que l'on a caricaturée en zone gâchette de l'orgasme : le point G ou point de Grafenberg.

Cette zone de quelques centimètres carrés située derrière l'os du pubis serait une région très vascularisée et particulièrement sensible à la pression, au point où certains ont pu dire qu'elle était la véritable « zone érogène » du vagin[33]. De la taille d'un point au repos, elle gonflerait lors d'une stimulation érotique pour devenir une zone épaisse et sensible, susceptible de déclencher un orgasme particulier.

La volupté féminine est chargée de tant d'obstacles que de nombreux mythes prétendent en percer le mystère. La recherche d'un secret de l'amour, d'un philtre aphrodisiaque ou d'une baguette magique déclencheuse du plaisir occupent les mages et guérisseurs depuis la nuit des temps. Le point G est l'un de ces mythes, avec la légitimité de la découverte scientifique mais la contrepartie d'un poids idéologique : si le secret du plaisir féminin est découvert et connu par les hommes, une nouvelle période de dépendance s'annonce, au moment où les femmes viennent de s'affranchir de siècles de servitude !

Les travaux scientifiques concernant le point G sont très contradictoires. Trois auteurs américains, Ladas, Whipple et Perry, affirment l'avoir mis en évidence chez quatre cents femmes qu'ils ont examinées[34], mais d'autres études ne le retrouvent que chez 10 % d'entre elles ou même moins. Ce n'est donc pas une réalité anatomique indiscutable. Les inventions nécessitent toujours d'être confirmées par le plus grand nombre, et le point G n'est pas aujourd'hui suffisamment plébiscité.

En revanche, si l'on n'a pas prouvé l'existence d'une zone anatomique spécifique, il reste certain que la plupart des femmes qui jouissent profondément, disent ressentir des sensations de plaisir particulières dans cette région. Cette possible plus grande sensibilité de la face antérieure du vagin n'aurait rien d'étonnant si l'on considère que cette zone est, chez les primates nos ancêtres, le point de contact naturel du pénis avec le vagin dans les rapports sexuels en position postérieure. L'héritage naturel est avant tout sexuel !

La taille du sexe

À l'égal des garçons, les filles peuvent avoir des fantasmes négatifs sur la taille de leur sexe qui occasionnent des complexes inhibiteurs de la sexualité : « J'ai un tout petit vagin, d'ailleurs les garçons n'arrivent pas à me pénétrer, et ça fait très mal. Je m'en rends bien compte : je ne suis pas de taille à jouir ! »

Ce fantasme – car il ne s'agit pas d'une réalité – est entretenu par des angoisses qui datent de l'enfance lorsque la petite fille, voyant un pénis adulte, souvent celui du père, ne peut imaginer qu'il puisse un jour pénétrer un sexe aussi petit que le sien. Cette construction mentale infantile peut persister très longtemps et entraîner des rapports douloureux par vaginisme ou excès de tension nerveuse, ce qui confirme la crainte du petit vagin : « Si ça me fait mal, c'est que je suis trop petite ! »

En réalité, il n'y a pas vraiment de problème de taille pour le vagin qui est une cavité virtuelle changeant très facilement de volume. Lors de la pénétration du pénis, il s'étire en longueur et en largeur, quelle que soit la taille du sexe du partenaire. Il pourra même se dilater considérablement lors de l'accouchement pour laisser passer la tête et le corps de l'enfant.

Mais les difficultés sont parfois réelles lorsque l'homme et la femme ont une grande différence de taille et surtout si l'homme est peu attentif, peu à l'écoute des réactions féminines et qu'il force la pénétration alors que sa partenaire n'y est pas prête. Un vrai dialogue entre eux est indispensable.

Enfin, la question est souvent posée du rapport entre la taille du sexe, masculin ou féminin, et l'intensité du plaisir sexuel. Une idée simple et très répandue affirme que « le plus gros et le plus grand pénis est aussi le meilleur » et que ce grand pénis procurerait plus de jouissance à la partenaire. C'est l'éternel mythe des difficultés sexuelles qui trouveraient leur cause dans une insuffisance du partenaire : « Si ton pénis était plus fort, je jouirais. » En réalité, il n'y a pas de réelle différence de jouissance féminine selon la taille du sexe masculin, car le vagin se moule sur le pénis quelle qu'en soit la taille et la stimulation s'exerce essentiellement à l'entrée du vagin, c'est-à-dire qu'un pénis plus long ne procure pas plus de sensations, dans la mesure également où le fond du vagin ne comporte que peu de terminaisons nerveuses et qu'il est donc très peu sensible.

Le plaisir à deux est essentiellement affaire de sensibilité, de goût et de préférences personnelles, chaque couple trouve un équilibre qui lui est propre. Il n'y a aucune règle en amour, surtout pas celle de la taille du sexe !

Toutes des simulatrices !

Une opinion largement répandue parmi les hommes veut que les femmes simulent la jouissance. Il faut bien dire que l'exigence masculine du plaisir est souvent responsable de difficultés féminines, troubles du désir ou du plaisir, par l'excès de tension qu'elle procure. Beaucoup de femmes cherchent alors à ne pas décevoir le partenaire, mais pour vivre librement la sexualité dans un couple, il est nécessaire de faire taire cette exigence.

Toujours en avance sur son temps, Colette nous initie à la simulation de l'amour dans son roman *L'Ingénue libertine :* « Il faut que j'imite pour lui donner la joie complète, le soupir et le cri de son propre plaisir [...] en tâchant de penser à autre chose. » La simulation du plaisir est toujours un cri de détresse, celui d'une femme non désirante, anorgasmique ou insatisfaite, qui se pense obligée de montrer un contentement illusoire. C'est aussi l'exigence d'une époque normative en matière de jouissance : il faudrait jouir sur commande ! C'est encore la détresse d'une femme qui sent son partenaire agressif ou fermé au dialogue et qui se croit coupable de non-épanouissement. Comme souvent en amour, la conséquence du problème est dénoncée comme sa cause, la simulation cause de l'absence de dialogue conjugal.

L'engrenage est ensuite terrible, car il est sans fin, l'homme ne pouvant certainement pas accepter, le jour où la vérité est dite, qu'il ait été dupé depuis le début. Alors la vérité n'est jamais dite et le théâtre continue.

De là à penser que toutes les femmes simulent, il y a un pas que certains franchissent facilement, puisque leur comportement intransigeant est plus susceptible de provoquer une telle réaction. À cette idée fausse masculine correspond une autre erreur d'appréciation, largement répandue dans l'opinion féminine, celle selon laquelle l'homme sait toujours si sa partenaire a eu, ou non, un orgasme. Les femmes en sont convaincues tellement leur vécu intérieur est intense. La réalité est inverse : peu d'hommes perçoivent l'orgasme féminin. La majorité d'entre eux, lorsqu'ils sont interrogés, répondent : « Je pense qu'elle a du plaisir, je crois qu'elle jouit, mais je n'en sais rien. » Cette incertitude vient de leur méconnaissance des réactions féminines, mais aussi du fait qu'ils sont concentrés sur leurs propres sensations, ce qui diminue leurs perceptions au plus fort de l'excitation. Ils perçoivent alors très peu les réactions féminines.

Non, toutes les femmes ne sont pas des simulatrices ! Non, tous les hommes ne perçoivent pas l'orgasme de leur partenaire. Une seule règle pour le plaisir mutuel : être à l'écoute et tolérants l'un envers l'autre.

C'est mon mari qui est rapide !

Nouveau mythe explicatif du manque d'épanouissement de la femme : l'éjaculation rapide, ou prématurée, de son compagnon. Pour en comprendre la valeur relative, il faut faire un bref historique et d'abord rappeler que l'éjaculation rapide est l'état naturel de la plupart des mammifères et notamment des primates qui sont nos ancêtres. La durée de l'accouplement chez les bovidés n'est que d'une fraction de seconde, c'est pourquoi ils le renouvellent une vingtaine de fois. Un cheval éjacule en moyenne après quarante secondes d'un coït à répétition, tandis qu'un chimpanzé éjacule dix à vingt secondes après l'intromission. La plupart des jeunes humains éjaculent de la même façon très rapidement après la pénétration. La régulation émotionnelle de l'éjaculation sera ensuite plus ou moins bien obtenue en fonction de la personnalité, de la capacité à vivre les émotions et de l'expérience sexuelle.

Dans les sociétés traditionnelles, l'éjaculation rapide était en général acceptée comme normale et n'était jamais dénoncée comme cause d'insatisfaction féminine. On peut aussi rappeler qu'elle était peu ou pas mentionnée dans les ouvrages de médecine, car on estimait que c'était un fait social plutôt qu'un symptôme médical. Elle s'est surtout retrouvée au-devant de la scène depuis la période du post-féminisme. En effet, la meilleure connaissance du vécu féminin et l'échange des expériences entre femmes qui ont marqué cette période importante de l'évolution des mœurs ont mis l'accent sur un lien possible entre l'éjaculation prématurée et l'absence de plaisir féminin.

Deux avancées scientifiques ont écarté pour un temps cette hypothèse, tout d'abord le travail de Masters et Johnson qui a insisté sur le fait que la jouissance féminine n'était pas directement liée à la performance masculine, en dehors des actes extrêmement brefs ou écourtés par une éjaculation immédiate. En second lieu, le travail des sociologues et sexologues québecois qui repose ainsi la question : pourquoi l'homme serait-il trop rapide et pas la femme trop lente !

On a ainsi remarqué une extrême variabilité de la capacité féminine à l'accès au plaisir, certaines femmes jouissant dès le début du coït parfois à la pénétration, d'autres après une très longue stimulation ou même ne pouvant pas jouir quelle que soit la durée du coït.

Cette réflexion scientifique a permis, dans les années 1980, de déculpabiliser l'éjaculation rapide pour permettre aux couples de mieux se réaliser dans le dialogue mutuel sans se renvoyer des symptômes à la figure (anorgasmie et éjaculation rapide) !

Une nouvelle étape a ensuite été franchie par les médias féminins qui, dans un premier temps, ont beaucoup expliqué la physiologie sexuelle féminine, et notamment les difficultés d'accès au plaisir. Mais qui, dans un second temps, et devant la difficulté à résoudre les problèmes féminins du plaisir, présentent aujourd'hui l'éjaculation rapide comme un bouc émissaire, la solution à l'énigme de l'anorgasmie : « Si je ne jouis pas, c'est à cause de ton éjaculation qui est trop rapide ! »

Il est important d'affirmer que la jouissance féminine et la performance masculine ne sont pas directement liées, mais que cela n'est pas vrai des actes extrêmement brefs. La plupart des relations à deux qui trouvent leur accomplissement dans la tendresse et l'accompagnement du partenaire, sont vécues au cours d'un acte qui peut être très variable dans le temps. Là encore, ce n'est pas affaire de taille ni de durée !

Pas ce soir, j'ai la migraine

La migraine était l'excuse la mieux connue pour éviter un rapport sexuel non désiré à une époque où les femmes se croyaient obligées d'accepter le devoir conjugal. « Pas ce soir, j'ai la migraine » : fin de non-recevoir légitimée par un alibi médical, dans la mesure où la migraine était l'affection psychosomatique féminine par excellence.

Le psychanalyste Franz Alexander faisait de la migraine l'expression d'une personnalité dominatrice ayant du mal à exprimer son agressivité. Le refus sexuel pouvait alors en être un symptôme. On peut aussi remarquer que le déplacement des émotions dans le corps se fait toujours de bas en haut, un peu comme si la préoccupation sexuelle déplacée du sexe vers la tête, du bas vers le haut, exprimait une douleur à la tête au lieu du déplaisir dans la région sexuelle. D'autres écourtent le rapport pour les mêmes raisons, afin d'« en finir », et cet acte bref est également synonyme de refus sexuel ou du moins de refus d'une possible jouissance mutuelle, vécue comme une contrainte.

Le devoir conjugal a disparu, mais beaucoup de femmes ne le savent pas, qui acceptent encore une contrainte quotidienne non désirée. Car il faut le savoir, le viol est puni dans le mariage, comme en dehors du mariage. Et il n'y a aucune raison pour une femme d'accepter d'être forcée à l'amour alors qu'elle ne le désire pas, aucune obligation légale. Aucune raison non plus d'avoir des maux de tête pour éviter un rapport non désiré. Il suffit de parler, de s'affirmer, d'oser dire non et de l'expliquer. Les mots sont les armes de la liberté.

Vous êtes comme ça, on n'y peut rien

« On me disait que je n'étais pas normale parce que je n'étais pas intéressée par la chose, parce que je n'avais pas de désir, que je ne ressentais rien. Mais j'aimais quand même faire l'amour. Un jour, il y a dix ans, j'en ai parlé à mon gynécologue. Il m'a dit que j'étais "faite comme ça" et qu'on ne pouvait rien y faire. À partir de là, j'ai été complètement bloquée. »

Ce jugement a souvent été porté par des médecins qui avaient du sexe une idée rigide et stéréotypée : certains sont faits pour l'amour, d'autres non. Il est vrai que pendant longtemps il n'existait pas de traitements spécifiques des troubles sexuels et les médecins n'avaient aucun enseignement sur la sexualité. Devant l'absence de réponse qu'ils pouvaient donner à leurs patients, ils restaient alors sur des jugements fatalistes comme cette très célèbre, mais terrible, formule de Freud : « L'anatomie c'est le destin ! », c'est-à-dire que certaines femmes auraient une conformité à jouir et d'autres non.

Il n'y a en réalité aucune anatomie différente chez les femmes sans désir, mais une histoire, une construction psychologique et souvent un apprentissage déficient de l'amour. Ces jugements négatifs traduisent l'impuissance médicale qui donnait à cette question une fin de non-recevoir. Pendant longtemps aussi, on a utilisé le terme de *frigidité* pour qualifier l'absence de désir et même de plaisir féminin. Il faut rappeler qu'à la fin du XIXe siècle, Cesare Lombroso, un psychiatre criminologue très connu, osa tenir ce propos terriblement misogyne : « La femme est naturellement et organiquement monogame et frigide ! »

Ce terme sonnait alors comme une injure, un jugement de valeur sexiste. Comme s'il existait des femmes « froides », planches, glaçons, inactives, indifférentes... et qui ne répondent pas à l'amour d'une façon définitive et absolue. Aujourd'hui, le mot a été banni du vocabulaire médical et sexologique. On parle plutôt d'anorgasmie (absence d'orgasme) ou de troubles du désir, car on ne conçoit cette évolution ni comme définitive ni comme inéluctable. Il est vrai que le vécu des femmes anorgasmiques est souvent très dévalorisé par elles-mêmes et que cela a certainement contribué à pérenniser un terme aussi péjoratif : « Quand j'ai vécu cette période où je ne ressentais rien, ce n'est pas frigide qui m'est venu à l'esprit, mais impuissante. Oui, j'étais impuissante à ressentir. »

Marie-Pierre a trente-six ans, elle a vécu une longue partie de sa vie sans sexe ni désir. Le blocage est sensoriel puisqu'elle parle d'« impuissance à ressentir ». Mais il est plus difficile à une femme qui n'a jamais ressenti le plaisir (anorgasmie primaire) de comprendre le sens de ce blocage. Car la solution, lorsqu'elle est possible, consiste à réveiller la sensorialité qui est elle-même à la base de la sensualité.

Ce qui semble très beau et simple sur le papier est plus complexe dans les faits. Le réveil sensoriel nécessite une certaine maturité psychologique et érotique, une bonne connaissance de soi, tant physique que psychologique, et l'absence de problèmes personnels pouvant « bloquer » cette sensorialité. Dans l'histoire d'une femme anorgasmique, on retrouve souvent des tabous sexuels liés à l'enfance et à l'apprentissage sexuel, qui limitent l'autoérotisme et la masturbation, expériences essentielles pour l'accès au plaisir ; un problème personnel, un conflit parental, un problème affectif, une difficulté psychologique grave, peuvent également empêcher l'abandon nécessaire à la sexualité ; ce sont enfin des troubles de la personnalité, tristesse, colère, rivalité, jalousie et dépression qui constituent des obstacles possibles.

Les sexothérapies de l'anorgasmie travaillent toujours sur deux plans, une psychothérapie permettant de dépasser les conflits en cause, de dédramatiser le vécu sexuel négatif, et une approche sensorielle et comportementale revalorisant la masturbation, l'autoérotisme, la relaxation, les massages et la sensorialité dans le couple, et visant à ranimer les capacités amoureuses.

Mais les voies de l'épanouissement sexuel ne sont pas simples, elles n'aboutissent pas toujours. En grande partie du fait de notre faible connaissance de la sexualité de la femme. Nous devons reconnaître que nous ne savons souvent pas de quoi est faite l'absence de jouissance féminine. On doit alors aider le couple à mieux vivre cette absence du plaisir sexuel.

Toutes des salopes !

Les injures et les opinions sexistes sont nombreuses, on en a déjà cité plusieurs : clitoridienne ! simulatrice ! frigide ! Ces préjugés sont tout aussi blessants lorsqu'ils qualifient des femmes hypersexuelles. C'est le cas de cette affirmation péremptoire : « Toutes des salopes ! », comme pour dire que les femmes sont toujours prêtes à l'amour. Cela rappelle l'amalgame qui a longtemps été fait entre le désir féminin et la prostitution, jugement souvent repris par une mère intransigeante qui traitait sa fille de « putain » si elle avait couché avec un garçon.

Ce mythe moderne des jouisseuses, entretenu et propagé par les hommes, ne recouvre bien sûr aucune réalité. Il semble au contraire que beaucoup de femmes aient du mal à jouir dans les relations conjugales au long cours, ce qui n'est pas vrai des moments amoureux, où la jouissance est plutôt la règle. Francesco Alberoni le dit magnifiquement dans son livre *Le Choc amoureux,* dans l'amour naissant, le couple vit une « sexualité extraordinaire » liée à l'intelligence, à la fantaisie, à l'enthousiasme, à la passion, elle est inséparable d'eux[35]. Des femmes en témoignent : « Oui, j'ai connu la jouissance. C'était au début de notre rencontre, il y a dix-sept ans. C'était formidable, un bonheur extraordinaire, du plaisir en permanence, on faisait beaucoup l'amour. Ça a duré un peu plus de trois mois. Et depuis plus rien ! » L'état passionnel ne dure jamais très longtemps, car il nécessite un haut degré d'excitation passionnelle, cérébral et comportemental, qui ne peut pas se prolonger plus de quelques mois. Et, bien que l'amour soit présent, les conditions orgasmiques sont alors parfois insuffisantes. Une seule voie possible : ranimer la passion dans le couple.

La pilule m'enlève le désir

« Depuis que je prends la pilule, j'ai moins de désir et mon mari s'en plaint. » Oui, il existe des modifications du désir sexuel chez certaines femmes qui prennent une pilule contraceptive fortement dosée en œstrogènes, mais c'est heureusement très rare (5 à 6 %) et l'on n'est pas certain que ce soit toujours la modification hormonale qui provoque cette baisse du désir car d'autres facteurs peuvent entrer en ligne de compte, comme les changements de comportement du couple qui peuvent être paradoxalement liés à la libération sexuelle que permet la pilule.

À l'opposé, la popularisation de la pilule contraceptive a libéré les comportements amoureux et permis une grande souplesse d'expression du désir. Ses effets sont donc plus largement libérateurs de la sexualité et, pour 20 à 30 % des couples, la pilule augmente la fréquence des rapports.

La naissance du couple moderne, affranchi de la tutelle familiale et désirant avant tout réussir sa vie intime, sexuelle et affective, est un phénomène très récent. Il date des dernières décennies du XXe siècle. Il est notamment la conséquence de la généralisation de la contraception. Le couple, alors dégagé des contraintes de fécondité, se donne un nouvel objectif. Ce n'est plus uniquement réussir la vie sociale et l'éducation des enfants, mais : réussir sa vie affective et sexuelle.

Enfin, des méthodes successives de contraception peuvent être utilisées de façon sûre par un couple selon les moments de son histoire. Le préservatif est le mode contraceptif de la rencontre, il protège en outre des MST, il est indispensable pendant au moins trois mois, le temps de faire un test mutuel de dépistage du sida. Dans un deuxième temps, la pilule peut permettre au couple établi de faire l'amour sans préservatif. Enfin, plusieurs années plus tard, et après la naissance d'un premier enfant, le stérilet est le procédé le plus libérateur des contraintes matérielles, notamment de la prise quotidienne de la pilule par la femme. Lorsque les précautions d'emploi sont respectées, ces trois procédés assurent une contraception totalement efficace qui est libératrice du désir sexuel.

Les odeurs, ça me gêne

L'odorat est un grand stimulant de l'amour, comme il peut être un répulsif. Les odeurs jouent ainsi un rôle très important dans l'approche intime, certainement dans l'attraction-répulsion des partenaires. Les odeurs d'excrétions et de transpiration sont de celles-là. L'odeur menstruelle due aux sécrétions génitales des règles jouerait-elle aussi un rôle de stimulation du rapprochement ? Ce monde des odeurs, naturel ou artificiel, est l'un des grands stimulants de la libido, souvent très négligé par l'homme ou la femme moderne au corps aseptisé, savonné, parfumé qui ont chassé de leur répertoire les signaux olfactifs. Or les sécrétions intimes sont stimulantes avant d'être répulsives. Beaucoup de femmes et de jeunes filles émettent des odeurs corporelles, très attrayantes pour l'homme. Rappelons-nous ce mot de Bonaparte écrivant passionnément à Joséphine : « Ne te lave pas, j'arrive ! »

Si l'odeur du sexe est naturellement stimulante, elle peut être également répulsive, de façon plus ou moins consciente. L'odeur dégagée par certaines femmes est parfois si ténue, si prononcée qu'elle repousse toute tentative par un homme. Ces jeunes femmes, qui n'en ont pas conscience, se trouvent alors isolées, sans approche masculine, et l'on peut se demander s'il ne s'agit pas d'un signal inconscient de mise à distance des partenaires potentiels, ce qui revient à s'autoprotéger d'une sexualité jugée effrayante.

La façon dont l'odeur du sexe est répulsive pour de nombreuses femmes crée aussi de grandes difficultés dans la vie intime. Le rapport Spira, en 1993, a posé la question à des hommes et à des femmes sur leur familiarité avec les humeurs corporelles du partenaire, la salive, le sang des règles, les sécrétions vaginales, le sperme, l'anus. En ce qui concerne la salive, les hommes sont plus nombreux à la trouver agréable (82 % contre 75 %), on peut tout de même remarquer que 18 % d'hommes et 25 % de femmes trouvent ce contact désagréable. Une majorité d'hommes (67 %) estime agréable le contact avec le sang menstruel de la partenaire, mais un peu moins (44 %) avec les sécrétions vaginales, enfin très peu (11 %) jugent agréable le contact avec l'anus. En ce qui concerne les femmes, des proportions un peu inférieures se retrouvent, 44 % trouvant agréable le contact avec le sperme, mais pour 23 % ce contact est désagréable[36].

On peut remarquer qu'à tous les niveaux de contact avec les sécrétions du partenaire, les femmes semblent prendre moins de plaisir. Mais si l'on ne considère que les femmes très satisfaites de leur vie sexuelle, on peut remarquer que 82 % d'entre elles trouvent ce contact agréable. Le lien semble alors net entre l'attraction pour les humeurs du partenaire et la satisfaction sexuelle, ou, dans l'autre sens, entre le dégoût des humeurs et l'insatisfaction sexuelle.

Si l'épanouissement amoureux nécessite une grande liberté avec soi au plan psychologique, il la nécessite aussi sur le plan beaucoup plus intime de la perception sensorielle et des humeurs corporelles. Rappelons-nous ce que disait Anthony Burgess à propos de Virginia Woolf : qu'on sentait dans ses livres combien elle détestait l'odeur de sueur et de sperme qui va de pair avec l'amour !

La bouche et le sexe

« "La fellation, c'est sale !", ma mère me l'a dit. J'étais toute petite, je m'en souviens encore. Elle disait : "La bouche et le sexe, ça ne se mélange pas, c'est une question d'hygiène." » Martine a quarante-six ans, elle a été marquée dans l'enfance par les propos de sa mère et une éducation religieuse rigoriste. Aujourd'hui qu'elle s'en est affranchie, elle accède aux joies d'une sexualité libre qu'elle n'avait jamais imaginée.

« D'un point de vue scientifique, le contact oro-génital n'est pas moins hygiénique que le baiser sur la bouche[37]. » Il ne s'agit pas de science, mais de sensibilité personnelle et de relation du corps aux sentiments. C'est toute une éducation qui modèle les esprits, organise les représentations que l'on a de soi, de l'autre, de l'amour et qui conditionne les sentiments de pudeur, de honte mais aussi de liberté.

Selon les cultures et les époques, la bouche et le sexe font plus ou moins bon ménage. Les contacts oro-sexuels existent chez les animaux, ils servent à évaluer le degré de réceptivité du partenaire, mais sont aussi une variante ludique au coït. C'est le cas chez certains primates comme les orangs-outangs qui font l'amour dans les forêts de Java et de Bornéo. Se balançant au bout d'une liane, le mâle explore de sa bouche le sexe de la femelle, une activité sexuelle qu'ils apprécient tout particulièrement.

Contrairement à l'idée populaire d'une sexualité sans tabou dans les sociétés traditionnelles, le sexe y est au contraire très réglementé et il se fait toujours selon les règles, coutumes et interdits du groupe. En cela, la sexualité des populations traditionnelles, africaines ou océaniennes par exemple, n'apparaît pas aussi diverse que celle que nous connaissons aujourd'hui en Occident. Les femmes africaines traditionnelles embrassent peu, et en général pas le corps ni le sexe du partenaire. La fellation est très rare. Seuls quelques attouchements ou chatouillements servent à l'excitation. Chez les Nadis, ces attouchements sont très précis et évitent la vulve. La femme nadi ne touche le pénis qu'à la fin du coït pour le nettoyer. Enfin, dans beaucoup de populations, l'idée de toucher les organes génitaux provoque un sentiment de dégoût, celui de l'amalgame du sexe et de la bouche : « Comment est-il possible de toucher de la nourriture ensuite[38] ? »

Il est enfin étonnant de constater que la fellation est peu présente dans la tradition érotique indoue du Kama Sutra[39], pourtant très riche, libre et inventive. Le baiser est décrit dans toutes ses variétés (baiser frémissant, baiser de rencontre, baiser captif, baiser dans l'écrin), mais uniquement sur la lèvre inférieure, les yeux, les joues, le front, sur les deux seins et dans le cou. L'Anangaranga ajoute que, dans certaines régions de l'Inde, on pratique également le baiser au creux de l'aisselle, autour du nombril et sur le « temple de l'amour », mais « on ne reçoit le baiser que sur les parties du corps jugées convenables. Dans certaines régions, on le pratique aussi sur des endroits moins décents [...], mais il s'agit d'habitudes locales et il ne convient pas d'imiter systématiquement ceux dont les coutumes locales portent à ce genre d'excentricités érotiques[40] ». Les traditions sont très codifiées, c'est le propre de la coutume.

C'est dans l'érotique occidentale que les rapports oro-génitaux acquièrent une place importante, d'abord en Grèce où la fellation est un excitant préparatoire à l'amour, très représenté sur les vases érotiques de l'époque classique, puis à Rome, où elle constitue une des prémices à l'acte sexuel. Les tabous de l'Occident chrétien l'ont ensuite violemment condamnée pendant vingt siècles, comme toute pratique non strictement coïtale. Au XXe siècle encore, le rigorisme puritain des États-Unis condamnait même un mari d'emprisonnement s'il avait contraint sa femme à la fellation.

La libération des mœurs a permis de lever ce tabou, mais certains réflexes culturels demeurent et beaucoup de femmes ne se sentent pas prêtes à l'amour oro-génital. Elles en éprouvent même souvent du dégoût. Car de nombreuses idées fausses se sont attachées à la fellation comme pour donner de bonnes raisons d'en rejeter la pratique : la fellation c'est sale ; elle donne des maladies ; avaler le sperme fait grossir ; on peut être enceinte, etc. Non ! Une femme ne peut être enceinte par la bouche ! Cela fait partie des hypothèses sexuelles infantiles qui nourrissent l'imaginaire érotique. De même, le sperme ne fait grossir que dans le fantasme de l'anorexie-boulimie où la femme-accordéon craint la moindre introduction alimentaire. La valeur calorique du sperme est très faible, et encore faudrait-il s'en nourrir !

L'hygiène est en revanche un préalable au sexe oro-génital. Si le partenaire n'est pas le partenaire habituel, la fellation doit être pratiquée avec un préservatif. Dans des conditions de propreté et d'hygiène, la fellation n'est ni sale ni nocive pour la santé. Enfin il n'y a aucune émission d'urine à craindre car le réflexe de l'érection bloque le sphincter vésical pour que le sperme puisse s'écouler par le pénis. C'est l'un ou l'autre.

Il est enfin important de ne rien faire contre la volonté de l'autre. Et si une femme ne désire pas cette fellation, personne ne doit l'y contraindre. Toutefois, il est possible d'aider une femme qui est gênée par la honte, la pudeur ou les fausses croyances à découvrir librement sa liberté. Cela peut se faire par simple information et ce livre est en partie écrit pour cela. La liberté peut aussi s'acquérir progressivement avec un partenaire doux et compréhensif qui permette de se libérer des tabous. Si une trop forte inhibition limite encore la liberté sexuelle, les conseils d'un sexologue peuvent aider la femme ou le couple à trouver un équilibre dans l'épanouissement personnel.

La fellation fait aujourd'hui partie des préliminaires amoureux, mais elle reste une pratique marginale ou évitée par les couples les plus âgés. Dans le rapport Spira, en 1993, 66 % des femmes déclaraient avoir pratiqué au moins une fois la fellation au cours de leur vie, mais seulement 20 % des femmes monopartenaires disaient l'avoir pratiquée lors du dernier rapport sexuel. En revanche, elle intéressait 42 % des multipartenaires. La fellation n'a guère suscité d'images poétiques dans la langue populaire, elle a plutôt la réputation d'un artisanat besogneux : *faire une pipe, tailler une plume, brouter la tige*, etc., expressions encore chargées de la valeur négative que lui attribuait la morale bourgeoise, pour qui il s'agissait d'une pratique avilissante réservée à la prostitution. C'est au contraire une preuve d'amour et de tendresse pour le partenaire dont la femme partage l'intimité, une source d'excitation pour elle et lui, une marque de liberté corporelle et de don de soi. L'univers érotique du cunnilingus répond aux mêmes éloges et aux mêmes qualificatifs. La richesse des variantes de la fellation permet d'infinies combinaisons avec les autres phases de l'amour, que la verge soit en érection ou non, qu'elle soit caressée, léchée, mordue, baisée par la lèvre ou le visage, amoureusement enlacée, lentement humectée... La fellation, comme le coït dont elle semble une variante, ne se limite pas à l'introduction d'un pénis rigide dans une bouche amoureuse, elle possède tout un lexique : c'est la définition de l'érotisme.

Jamais l'amour pendant les règles

Dans le langage populaire, une femme se disait « indisposée » lorsqu'elle avait ses règles pour bien signifier qu'elle n'était pas disponible à l'amour. Au temps du devoir conjugal auquel une épouse ne pouvait se soustraire, les règles offraient un « temps de repos » aux femmes soumises à un sexe non désiré.

Toutes les sociétés ont exclu la sexualité dans le temps des règles en parlant d'une impureté de la femme pendant cette période. Il est vrai qu'en absence d'hygiène intime, les sources de surinfections sont nombreuses et fréquentes. La coutume traditionnelle était donc certainement préventive. En Afrique, la femme quittait le village pour vivre quelques jours dans la case des impures. En Islam, le culte lui était interdit ; pour les Hindous, elle devenait « intouchable ». Les juifs orthodoxes, quant à eux, s'abstiennent de relations sexuelles jusqu'à sept jours après les règles. Cette notion de « dangerosité » sexuelle menstruelle a justifié pendant longtemps la substitution d'activités non coïtales pour certains (masturbation, fellation, cunnilingus), tandis que d'autres ne faisaient l'amour que pendant les règles, en guise de méthode contraceptive ! Infertile et souillée par le sang menstruel, la femme devait alors rester à distance de tous les symboles de vie, de pureté ou de fécondité. Les superstitions allaient bon train, en cuisine elle faisait tourner le lait, piquer le vin, rater les sauces et « tomber » les blancs en neige ! Comment, dans ces conditions, aurait-elle pu approcher un homme pour faire l'amour ?

La notion classique selon laquelle le désir sexuel est exacerbé au moment du pic ovulatoire, c'est-à-dire idéalement au quatorzième jour du cycle, est complétée par des travaux récents qui montrent une vasocongestion vaginale plus importante et un désir exacerbé en fin de cycle, au cours de la période folliculaire et lutéinique. De nombreuses femmes attestent cette impression subjective d'une plus grande excitabilité en fin de cycle et à l'approche des règles. Cette grande variabilité des pulsions mensuelles montre seulement la complexité du déterminisme du désir humain, à la fois biologique et hormonal, à la fois culturel et psychologique.

Or pourquoi interrompre le désir, que nous savons si fragile, à une époque où l'hygiène et la connaissance intime permettent aux couples de vivre leur sexualité à tout moment du cycle, dans la mesure où les deux partenaires sont consentants ? Avec les moyens modernes de l'hygiène, il suffit à la femme de retirer sa protection au moment de la pénétration. Il ne s'agit que de convenances personnelles, car la sexualité ne s'accommode d'aucune contrainte. « Je suis très excitée pendant mes règles », confie Frédérique, qui a découvert avec Vincent la possibilité de l'amour ininterrompu. L'an dernier, j'étais avec un autre garçon, je lui interdisais de m'approcher, je croyais que c'était sale, et après je n'avais plus envie. » Avec sa partenaire précédente, Vincent avait eu l'habitude de faire l'amour pendant les règles : « C'est bien plus agréable, on n'a pas besoin de se demander s'il y a un empêchement. Si on a du désir, on fait l'amour, sinon on ne le fait pas. Avec Frédérique, c'est même un moment plus excitant où les sensations sont différentes, on a l'impression d'un amour en cachette, comme si l'on faisait quelque chose d'interdit. Et c'est bon ! »

Pas d'amour pendant la grossesse

Autre période sensible, la grossesse, alibi majeur pour l'éviction de la sexualité à l'époque des rapports imposés. « Je ne peux pas, je suis enceinte. » La raison était valable, mais une interruption de neuf mois suivie d'une période de « relevailles » et souvent d'un investissement affectif vers ce nouvel être humain qui captait tous les regards faisait souvent reculer le désir et s'éloigner le couple.

« Avant d'avoir les enfants, ça se passait très bien. Quand j'ai été enceinte de Thomas, il a fallu que je m'arrête, et puis, il ne fallait pas qu'il me touche. Après, on n'a jamais repris l'amour et maintenant je n'en ai plus envie. » L'histoire de Christine est si fréquente qu'elle sonne comme un signal d'alarme pour tous les couples qui vont avoir un enfant. Assez des préjugés, des idées fausses et des alibis de la non-parole, qui déstabilisent les couples en l'absence d'éducation à la sexualité ! Cette éducation devrait tout d'abord parler de la fragilité du désir et notamment du désir féminin qu'il faut préserver, accompagner de tendresse, dont il faut permettre la réalisation et éviter le refoulement, car le risque existe toujours que le désir s'intériorise, s'étouffe et disparaisse. Ni tyrannie, ni répression ! Le désir doit librement trouver son expression dans le couple. Et la femme ne doit avoir que les relations qu'elle désire avoir.

Le temps de la grossesse n'est pas un empêchement de l'intimité sexuelle. Si l'on prend certaines précautions, il n'y a aucun risque ni pour le fœtus ni pour la mère. Les comportements sexuels peuvent parfois être un peu différents, notamment au niveau des sensations, les sécrétions étant parfois modifiées selon l'imprégnation hormonale. Pour certaines femmes, les sensations sont plus fortes et leur désir est accru, tandis que pour d'autres, il diminue. Effet subjectif ou biologie différente ? Nous n'en savons rien. Certaines femmes disent ne jamais être aussi bien qu'en état de grossesse, alors que pour d'autres ce moment est difficile.

On peut distinguer trois périodes et trois attitudes pendant la grossesse. Le premier trimestre qui est souvent une période d'adaptation avec des symptômes passagers ou empêchants comme la fatigue et les nausées qui peuvent éloigner le désir et réduire la fréquence du rapport sexuel. Il est important d'être à l'écoute de cette adaptation de la femme à son nouvel état, mais de ne pas interrompre une activité sexuelle nécessaire à l'équilibre du couple et à la poursuite de la sexualité après la grossesse.

Le deuxième trimestre est un moment privilégié pour les rapports intimes. La plupart des femmes (près de 80 %) disent avoir davantage de désirs. C'est la période d'épanouissement de la grossesse, la sexualité est alors plus fréquente et souvent très harmonieuse. C'est un moment fort du couple, pour la femme un moment d'union au plus intime avec le père de son enfant, un moment qui renforce le lien entre affectivité et sexualité. C'est la raison qui plaide le plus pour ne pas interrompre la sexualité au cours de la grossesse.

Le troisième trimestre est caractérisé par l'augmentation du volume du ventre de la femme, qui est vécue avec respect, mais aussi parfois avec une certaine crainte par l'homme qui croit gêner sa compagne, la déstabiliser ou lui faire mal. La fréquence des rapports diminue presque naturellement, mais il est important, en l'absence d'une cause particulière ou d'un interdit médical, de maintenir le lien affectif et charnel jusqu'à l'accouchement, avec douceur et précaution. En privilégiant les positions confortables pour la femme, les relations sexuelles ne sont pas dangereuses.

La langue populaire conserve une expression comme « casser les œufs dans le nid » qui rappelle la menace d'avortement que faisait courir, pensait-on, la sexualité pendant la grossesse. Au siècle dernier, Alfred Delvau parlait dans ces termes du « membre viril qui écrase souvent les enfants qu'il fait dans le nid même où il les pond[41] ». Il est vrai que dans des conditions difficiles, les femmes à risques peuvent avorter par suite de contractions utérines déclenchées par l'orgasme. Toutefois, en l'absence d'antécédent de fausse couche ou de facteurs de risque, il n'existe aucun lien entre l'orgasme et le déclenchement de grossesses prématurées. On peut cependant supposer qu'un meilleur climat amoureux et l'amour de ses parents sont nécessaires à l'enfant.

Baby-blues

La classique déprime des jours qui suivent l'accouchement, ce *blues* de la jeune maman, existe-t-il ? C'est souvent un fait d'observation pour l'entourage et pour les médecins, comme le disent de nombreuses jeunes femmes lorsqu'elles racontent cette période souvent difficile. Est-ce une fatalité, un état obligé, une phase hormonale ? Ou bien la réalisation d'une prédiction attendue puisque tout le monde en parle ? Certainement les deux.

Chaque femme ressent en effet la fatigue de la grossesse et du travail de l'accouchement mêlée au traumatisme obstétrical. (Elle est blessée dans son corps qui saigne avec une épisiotomie qui mettra quelques semaines à cicatriser.) Dans le même temps s'opère un formidable travail psychologique de reconstruction de soi, surtout pour le premier enfant : comment ce petit être fait de ma chair et qui vient de sortir de mon ventre vit-il indépendamment de moi ? Est-ce encore moi ou déjà lui ? Vit-il par lui-même ou à travers moi ? Comment ne pas mettre toute mon énergie, toutes mes sensations, diriger toutes mes actions à son service ?

Ces interrogations fondamentales deviennent compliquées si cette femme n'a pas encore fait le travail naturel de construction d'elle-même qui doit lui permettre de devenir mère. Ces questions n'ont alors pas de sens et bouleversent d'autres interrogations non résolues comme : comment exister indépendamment de mes parents qui m'ont donné la vie ? Je ne peux évidemment pas résoudre les autres si je n'ai pas répondu à la première question. L'émotion est trop forte et les défenses de la personnalité ne peuvent contenir l'incontenable. Le *blues* s'installe, la dépression n'est pas loin. C'est un grand paradoxe, en ce jour qui semble le plus beau jour de sa vie. Or que s'est-il effectivement passé ce jour-là ? « Mon fils est né, ce devait être un jour de grand bonheur, répond Christel, et malgré cela j'ai pleuré toute la journée. – Non, lui répondis-je. Il ne s'est pas passé que cela. – Quoi d'autre ? Je ne vois pas. – Ce jour-là, tout à coup vous n'étiez plus l'enfant de vos parents, car on ne peut être en même temps l'enfant de ses parents et le parent de son enfant. Si effectivement vous étiez encore l'enfant de vos parents, vous avez été très mal, inconsciemment, de ne pouvoir être le parent de votre enfant. Il va vous falloir choisir. »

Le *blues* et la dépression du post-partum (période qui suit l'accouchement) sont souvent la conséquence de conflits de la mère avec elle-même lorsque sa construction psychologique est encore en partie à faire. Un soutien psychothérapique pourra l'y aider et parfois une médication si elle vit un épisode dépressif.

L'accompagnement du conjoint, père de l'enfant, sera essentiel, car il inscrit la femme en tant que mère de son enfant. Pour cette raison, la sexualité peut prendre une place essentielle dans cette quatrième période. Dès que les pertes ont disparu, que l'épisiotomie est cicatrisée, que les tétées nocturnes sont moins prenantes, c'est-à-dire la deuxième ou troisième semaine après l'accouchement, la sexualité peut reprendre si la femme en a le désir. Cette reprise assez rapide d'une intimité permet de renforcer l'identité du couple face à la nouvelle entité familiale qui coexiste et d'éviter que la dimension amoureuse disparaisse devant le nouveau centre d'intérêt que représente l'enfant. Trop de couples viennent plusieurs années après raconter l'extinction de leur sexualité au cours ou au décours de la grossesse, ils en parlent à un moment où le couple est déjà éloigné et où le désir mutuel aura souvent beaucoup de difficultés à se réinstaller. C'est la raison pour laquelle il est si important que le lien charnel amoureux de la sexualité soit maintenu en permanence, au rythme qui convient à chaque couple, et par-delà les tempêtes, les crises, les difficultés de la vie, les grossesses... La poursuite du lien amoureux se fait certainement à ce prix. De plus, face aux difficultés et aux angoisses que suscitent les premiers mois de vie d'un nourrisson, en particulier un premier-né, la fusion sexuelle des parents peut être un grand soutien.

L'hymen protège de la grossesse

« Mon gynéco m'a demandé si je faisais de l'équitation. Je lui ai répondu que oui. Il m'a dit que c'était certainement pour ça que je n'avais plus d'hymen. » Sophie a été surprise de la réponse de son gynécologue, non pour l'équitation, mais pour sa défloration inconsciente ou involontaire, car s'il y a une chose dont elle était certaine, c'était le fait qu'aucun garçon ne l'avait approchée. C'était d'ailleurs son problème, et pour ça qu'elle était allée voir son gynéco !

Si la réponse du praticien était un peu fantaisiste, la réalité de la perte partielle ou totale de l'hymen avant le premier rapport sexuel est exacte, à la suite de manœuvres intimes ou d'une toilette. L'hymen est une fine membrane à l'entrée du vagin qui en interdit « modérément » l'ouverture. Sa morphologie est extrêmement variable d'une femme à l'autre. Elle est ainsi plus ou moins épaisse, résistante, vascularisée, plus ou moins sensible au toucher ou aux tentatives de pénétration. L'hymen est si varié que les médecins en ont décrit de nombreuses formes : certains sont totalement fermés comme un bouclier, d'autres criblés de trous, d'autres encore se limitent à un croissant, un anneau, des pétales ! Ces hymens sont donc plus ou moins fermés et peuvent, pour beaucoup d'entre eux, laisser passer le sperme même si le pénis ne pénètre pas. C'est ainsi, par l'écoulement du sperme d'un pénis adolescent, qu'une fille vierge peut se retrouver enceinte. Ce n'est pas une fable, ni l'opération du Saint-Esprit, mais la réalité : l'hymen ne protège pas de la grossesse et les jeunes filles jeunes qui couchent avec un garçon sans rapport sexuel complet doivent déjà s'habituer à prendre la pilule, car la contraception commence bien avant le premier rapport. Voltaire le disait à sa façon lorsqu'il soutenait que la virginité est « un petit oiseau qui s'envole quand la queue lui vient ».

Éjaculation féminine

Fantasme ou réalité ? Le mythe de l'éjaculation féminine revient régulièrement dans les représentations populaires mais aussi dans les publications scientifiques. Il apparaît tout d'abord dans des textes érotiques traditionnels, puis au XVIIIe siècle libertin, récemment encore dans le film du japonais Shokei Imamura, *De l'eau tiède sous un pont rouge*.

Plusieurs travaux scientifiques ont récemment tenté d'en montrer la réalité : certaines femmes émettraient au moment de l'orgasme un liquide, parfois très abondant, qui mouille le partenaire et gêne dans certains cas la relation. La première hypothèse est que ce liquide serait de l'urine et qu'il serait rejeté par l'urètre. Plusieurs auteurs ont montré qu'il ne s'agissait pas d'urine. On a alors pensé qu'il devait venir d'une prostate féminine méconnue. Certains ont même suggéré que cette prostate serait située au niveau du point G, ce qui aurait le mérite d'expliquer les énigmes de la sexualité féminine les unes par les autres, ou plutôt par un seul principe englobant l'éjaculation féminine, le point G et la prostate féminine.

Quoi qu'il en soit, ce phénomène d'expulsion liquide au niveau génital et au moment de l'orgasme est rapporté par de nombreuses femmes qui parlent d'un orgasme « spécial » ou « plus intense ». Beverly Whipple et J.D. Perry estiment que près de 40 % des femmes ont un jour présenté une telle « éjaculation ». Masters et Kolodny estiment que le chiffre est inférieur (5 %), mais il semble pour eux que ce soit une réalité. Un scientifique slovaque, le professeur Zaviacic travaille depuis plus de trente ans sur l'hypothèse d'une prostate féminine et ses travaux semblent aujourd'hui tout à fait convaincants : il existe bien une zone prostatique chez la femme au plan anatomique et même fonctionnel. Une telle affirmation qui paraît surprenante, nous fait sentir le degré de méconnaissance qui est le nôtre de la sexualité féminine[42]. Cet écoulement abusivement appelé « éjaculation féminine » surviendrait donc très rarement chez des femmes appelées « femmes-fontaines » au moment d'un orgasme particulièrement intense. Elles racontent qu'il s'agit d'un liquide « comme de l'eau » et qu'elles n'ont connu cet orgasme que de façon exceptionnelle. C'est peut-être la marque de l'exception !

Ménopause-sexopause

Idée fausse s'il en est, le mythe de la ménopause-sexopause a presque disparu en moins de vingt ans grâce à l'information médicale, relayée par la presse féminine.

En Occident, comme dans la plupart des sociétés humaines, la ménopause était un signe de fin de vie pour la femme, fin de sa vie de femme, mais aussi de sa vie d'épouse et d'une certaine façon de son couple. « Le retour d'âge m'a laissée sur le carreau », me dit Madeleine, une grand-mère aujourd'hui âgée de soixante-quinze ans. « J'ai très mal vécu la cinquantaine, j'ai fait une dépression, je n'acceptais pas ce couperet : n'être plus une femme. » La femme ménopausée était celle qui « ne marquait plus » ; on disait d'elle qu'« elle fermait boutique ». Cette crise du milieu de la vie était alors pour elle la fin de la féminité selon une idée reçue qui liait sexualité et fécondité. Une femme inféconde n'était donc plus désirable et, sur le modèle de l'homme chez qui l'on supposait l'andropause, on était certain de l'arrêt de la sexualité programmé chez les hommes et les femmes après cinquante ans. Il n'en est rien. C'est même tout l'inverse !

À notre époque où la contraception a profondément changé notre vécu de l'amour, la ménopause apparaît au contraire comme une libération de la femme des préoccupations de fécondité. Elle peut maintenant vivre librement son intimité sans les contraintes contraceptives, pilule ou stérilet. Les couples de la cinquantaine sont aujourd'hui libérés et leur désir s'accroît souvent.

Autre mythe lié à ces représentations, celui de la dépression liée à la ménopause. Ce n'était en réalité qu'une conséquence de cette vision négative d'une période de la vie féminine qui n'est caractérisée que par l'arrêt de la fécondité par épuisement du stock ovulaire avec les modifications hormonales qui s'ensuivent. Grâce à des campagnes d'information et de déculpabilisation, on a rapidement observé la disparition des épisodes dépressifs réactionnels à la ménopause.

Qu'est-ce que la ménopause ? Et pourquoi la femme est-elle la seule femelle mammifère à avoir une ménopause ? La réponse est très simple si l'on observe les humains en naturaliste et en anthropologue, c'est-à-dire en considérant qu'ils sont une espèce comme les autres. Nous voyons alors que toutes les femelles des primates, des orangs-outangs, des gorilles, des chimpanzés, nos plus proches parents, ont un cycle menstruel très proche (vingt-huit jours chez les orangs-outangs, trente jours chez les chimpanzés, quarante chez les gorilles), une durée de gestation équivalente (huit mois et demi chez l'orang-outang et le chimpanzé ; neuf mois chez le gorille) et un même stock d'ovules (environ quatre cents ovules) à la puberté. Le calcul est très simple, c'est un problème de collège : à raison d'un ovule par mois, à quel âge le stock sera-t-il épuisé ? Réponse : 400/12 = 33 ans. En sachant que la puberté survient à l'âge de quatre ans chez les primates supérieurs et actuellement à treize ans chez les humains occidentaux, la fin du stock ovulaire surviendra à trente-sept ans chez les primates et à quarante-six ans chez les humains. Or la durée de vie primate est de trente-cinq à quarante ans. Les individus les plus âgés atteignent cinquante ans. On peut alors remarquer, comme chez tous les mammifères, que la femelle reste féconde pendant pratiquement toute sa vie, ce qui laisse à penser que le stock ovulaire a été adapté à la durée de la vie primate, mais qu'il n'a pas changé chez les humains alors que notre espérance de vie (on ne parle plus de durée !) a presque doublé. C'est pour cela que la femelle humaine est la seule femelle des mammifères à présenter une ménopause.

Ce signe de mort doit être aujourd'hui considéré comme un signe de vie puisqu'il inaugure en quelque sorte la dimension « sur-naturelle » de la vie humaine, celle que nous gagnons sur le déterminisme naturel. Une vie nouvelle s'ouvre alors, dont la sexualité fait partie à part entière. Elle est même l'un des facteurs de cette longévité.

4

LA SEXUALITÉ MASCULINE

La sexualité masculine a longtemps été posée en modèle du sexe. Le féminin ne serait alors qu'une déclinaison inférieure de la relation amoureuse. Évolution des mœurs, changement de rôle, aujourd'hui les hommes ne sont plus seuls au monde, ils doivent en prendre conscience et les femmes peuvent occuper une place nouvelle sans avoir à adopter une position pseudo-masculine de défense ou de revanche. Une nouvelle masculinité doit alors s'inventer face à une nouvelle féminité. Pas de confusion des genres.

Sexe fort

Sexe fort, sexe faible, disait-on en parlant des hommes et des femmes. Ce sexe fort masculin ne l'était que dans une logique de dominance sexiste qui reposait sur l'inégalité des forces, des droits et des revenus. Le monde a changé, les hommes ne sont plus les référents dans la vie commune comme en amour. Le sexe fort n'est donc plus si fort qu'il était, ce qui n'est pas sans poser certaines difficultés aux hommes eux-mêmes, mais aussi aux femmes. Aux hommes, parce qu'ils ont aujourd'hui moins confiance en eux, moins d'assurance dans la relation à deux mais aussi des craintes en amour, là où ils n'en avaient aucune autrefois ; aux femmes ensuite, parce qu'elles désirent s'appuyer sur un homme solide et sont souvent déçues de ne pas rencontrer l'archétype masculin dont elles ont tant rêvé. On ne change pas si facilement les idées fortes.

Car il existe une image de l'homme inscrite dans nos représentations et surtout dans l'imaginaire féminin, associant des valeurs « naturelles » : indépendance, force, compétition, agressivité, à d'autres, plus culturelles, comme le courage, l'obstination, l'objectivité, la matérialité. Ce stéréotype, à l'instar de son équivalent féminin – tendresse, intuition, sensibilité –, est une image sociale susceptible de se modifier, de varier d'un individu à l'autre, mais surtout d'une région ou d'une époque à une autre. Il est des lieux et des périodes où les hommes doivent être « machos » et d'autres où ils sont tendres et sensibles. L'important pour chacun de nous est de rencontrer un individu, homme ou femme, pas trop différent de l'image intériorisée que nous avons de l'archétype social qu'il représente à nos yeux, afin de ne pas attendre de lui tout autre chose que ce qu'il est.

Une difficulté de l'époque actuelle réside dans le récent décalage qui est apparu entre le stéréotype attendu de l'homme fort, toujours présent dans la représentation mentale féminine, et un comportement masculin parfois moins affirmé, qui caractérise de nombreux hommes jeunes tentant de se conformer aux normes de leur époque et aux exigences féminines. Car le paradoxe est dans l'ambivalence pour une femme de désirer un homme tendre et en même temps un homme fort.

Deux empreintes contradictoires organisent l'identité sexuée et le rôle social que va prendre un petit garçon : en premier lieu, les attitudes valorisantes qu'affichent les parents, l'entourage, la famille envers un bébé garçon par rapport à un bébé fille. On lui laisse plus d'indépendance, on lui reconnaît plus de force et de réussite qu'à une fille. Traditionnellement, on poussait ainsi un garçon vers l'autonomie, une fille vers la dépendance. Or la socialisation du sexe modèle les stéréotypes sociaux auxquels le jeune garçon se conformera plus ou moins. Dans le même temps, il cherche un modèle à qui s'identifier, et c'est habituellement le père. Or cette image paternelle est aujourd'hui affaiblie et moins virile, au sens strict du terme, dans la mesure où les hommes ont dû accepter de partager les rôles domestiques et éducationnels avec leur épouse. C'est donc à une image masculine faible que s'identifie souvent le garçon : un homme non agressif, conciliant, peu affirmé ou peu décideur, peu compétitif, parfois « soumis » à l'ordre domestique.

De plus, la rencontre avec une femme aimante a changé : elle désire à la fois s'appuyer sur une image masculine solide et faire l'amour avec un homme tendre. Cette coexistence est possible, mais elle s'apprend. *On ne naît pas homme, on le devient*. Car les femmes qui sont devenues femmes par le regard qu'elles portent sur elles, désirent aujourd'hui un homme devenu homme par le regard qu'il a sur lui. Les hommes ont tout à y gagner, les femmes aussi !

L'homme, cet égoïste !

« Tous des égoïstes, répète Marie-Claire, les hommes ne pensent qu'à eux, à leurs petites affaires et, en amour, ils ne s'occupent que d'eux. » Marie-Claire a vécu des déceptions successives qu'elle attribue à un égoïsme masculin qui expliquerait toutes les difficultés conjugales.

« Égoïste, c'est un reproche que je lui fais souvent, poursuit Geneviève, égoïste c'est-à-dire indépendant. Il y a des moments où il vit sur une autre planète, une bulle à lui où toutes les choses matérielles du quotidien n'existent pas. Les problèmes de la vie familiale ne le concernent pas. Il vit pour lui. On ne se voit pas beaucoup, lui, ça lui suffit, moi je ne suis pas heureuse comme ça. » Cette réputation, ni surfaite ni usurpée, correspond à des traits culturels portés ou cultivés par les hommes, mais aujourd'hui fortement condamnés par leurs partenaires. L'égoïsme est une hypertrophie du moi, un amour-propre mal placé qui organise la vie en fonction de soi et au détriment des autres. À un degré supérieur, le narcissisme apparaît comme un amour de soi-même difficile pour l'entourage dans la mesure où il conduit à capter toute l'attention et se soucie peu des proches. Dire que tous les hommes sont égoïstes reviendrait à supposer qu'il s'agirait d'un trait de nature plutôt que de la conformité à un modèle. Le modèle semble être celui de la mère et de son fils, c'est-à-dire des relations privilégiées qui se nouent autour des premières demandes, des premiers désirs d'un petit garçon et de la réponse de sa mère pour le satisfaire. On a pu dire que lorsque la mère répondait immédiatement à toutes les demandes, le garçon devenait vite exigeant en pensant que tous ses désirs devaient être satisfaits. Il en ira de même par la suite, lorsque devenu un homme, il conservera le même rapport aux autres et à sa compagne, parfois dans un aveuglement qui rend la relation conjugale difficile. Poussée à l'extrême, cette attitude a justifié de nombreux qualificatifs discriminatoires dans une bouche féminine : « Fanfaron, égoïste, vaniteux, etc. »

Ne s'occuper que de soi est l'un des plus grands handicaps de la vie à deux, qui implique aujourd'hui le partage, l'écoute et la compréhension de l'autre. Mais on ne peut généraliser cette attitude. L'homme contemporain participe beaucoup plus à la vie domestique, conjugale et familiale que son père ou son grand-père, les femmes sont en train d'en prendre conscience.

Ce reproche porte aussi et surtout sur l'amour, comme si l'homme se souciait peu de sa partenaire et l'abandonnait avant qu'elle puisse jouir. Il a été longtemps justifié par l'absence d'érotisme dans une sexualité masculine qui se limitait à la pénétration vaginale suivie d'une éjaculation concluant un bref rapport sexuel. Cette attitude existe toujours, notamment dans le cadre de la sexualité pseudo-besoin que certains hommes imposent encore à leur compagne. Celle-ci est alors triplement frustrée par l'absence de préliminaires dont l'homme a naturellement peu de nécessité (ce qui semble justifier ce premier égoïsme), puis par une pénétration décidée unilatéralement (deuxième égoïsme), enfin par une éjaculation qui clôt le rapport et interrompt l'excitation sans accès de la femme à l'orgasme (troisième égoïsme). Dans ces conditions, on ne peut qu'acquiescer à la dénonciation d'un égoïsme masculin.

Autre cas de figure qui provoque à tort ce reproche : l'éjaculation rapide. « Mon mari n'est qu'un égoïste, il éjacule avant que j'aie pu atteindre le plaisir. » Cet égoïsme éjaculatoire est aujourd'hui le responsable désigné de la non-jouissance féminine. Nous avons amplement discuté la complexité du lien entre éjaculation rapide et non-jouissance qui ne peut se résumer à la seule culpabilisation de l'homme. Je propose ici de ne pas parler d'égoïsme.

Il faut enfin rappeler ce paradoxe que l'égocentrisme, et l'égoïsme qui en est une forme exacerbée, sont le ferment de la discorde conjugale par focalisation de l'attention sur un individu, souvent l'homme, et ignorance ou désintérêt du désir de l'autre, ce qui empêche souvent l'intimité vraie entre deux personnes. Dans le même temps, un certain égocentrisme et une bonne confiance en soi sont nécessaires à l'amour, qui nécessite une forte capacité à l'autoconcentration. L'amour se fait d'abord avec soi et autour des sensations intimes avant d'être vécu à deux. Ce n'est que dans l'épanouissement personnel que la communion pourra éventuellement se faire avec le partenaire. Un certain égoïsme est alors nécessaire.

Il ne parle jamais

« J'aimerais bien parler, mais il ne dit mot. Cela va bientôt faire vingt-cinq ans que nous sommes mariés et vingt ans que nous ne dialoguons plus. Il parle plus aux autres qu'à moi. Alors je parle avec les enfants ou toute seule. » Monique est désespérée devant l'absence de communication de leur couple. Au début, c'était un peu différent et, très vite, Jacques s'est retranché dans un mutisme qui est devenu invivable pour son épouse : « Elle a très envie de parler, elle parle beaucoup, mais moi, je suis plutôt silencieux, je n'ai pas toujours envie de raconter une histoire. En revenant du boulot, j'ai plutôt envie de me détendre et de me coucher de bonne heure, mais certainement pas de parler. » Ces deux attitudes antagonistes sont si fréquentes qu'on peut les poser en différence des sexes, différence de culture, peut-être même de nature, qui rend le dialogue nécessaire aux femmes comme peut-être le silence agréable aux hommes. Mais nous sommes des êtres sociaux et la dimension conjugale ne peut exister sans communication.

De nombreuses études scientifiques ont montré la plus grande aptitude des femmes à la communication sociale par le langage, mais aussi leur tendance prononcée aux confidences, bien plus grande que pour les hommes. Ce besoin transparaît dans l'attitude des uns et des autres. Les femmes et les jeunes filles échangent beaucoup plus leur vécu intime entre elles, que ne le font les garçons. « Les femmes extériorisent tandis que les hommes intériorisent », remarque Kate Millett, notre société ayant habitué les filles à extérioriser leurs sentiments et les garçons à les cacher pour ne montrer aucun signe de faiblesse. En intériorisant l'expression de leurs émotions, les hommes s'impliquent plus vers l'extérieur d'eux-mêmes, dans l'action, avec une fréquente méconnaissance – voire un aveuglement – de ce qui se passe en eux et dont ils ne ressentent aucun besoin de parler. Cette différence apparaît alors de façon aiguë dans le couple où l'incommunication est souvent la règle : « À mon désir de parler et d'échanger, dit Martine, répond son besoin de fuite ou de repli sur soi, sans échange de parole. »

Le silence n'a jamais été une bonne solution dans les relations humaines. Si nous sommes aujourd'hui plutôt sous l'influence de valeurs féminines, notamment en matière de communication, et que les hommes sont handicapés, car moins habitués à échanger des mots, il faut qu'ils apprennent à parler et surtout à entendre ce que dit leur compagne.

Il ne pense qu'à ça !

Les époques changent et les mentalités évoluent parfois très rapidement. C'est exactement le cas de la libération sexuelle de la fin du XXe siècle. Cette affirmation : « Il ne pense qu'à ça ! », qui sonnait en 1950 comme une condamnation, synonyme de perversion, est devenu un reproche vingt ans plus tard, puis aujourd'hui un compliment !

À la fin du XIXe siècle, Antonin Perbosc, instituteur près d'Agen, demanda à ses élèves de recueillir les histoires traditionnelles parlant du sexe et de l'amour. Ses *Contes licencieux*[1] rappellent la forte valeur sexuelle attribuée aux personnages de la vie courante et notamment à l'homme qui était qualifié d'*ardent* et de *chaud lapin* : « Il a le sang vif, il me chauffe et me bout le corps », confessait une femme éprise. Cette qualité de sang traduisait la caractéristique humaine du désir sexuel permanent qui anime le mâle de notre espèce et qu'aucun autre primate ne connaît, dans la mesure où il existe encore pour eux des périodes d'œstrus, périodes des chaleurs de l'accouplement.

Ce désir sexuel permanent qui caractérise l'homme est ensuite tempéré par le modelage social, l'organisation de la vie quotidienne et le respect de la partenaire, mais il est toujours susceptible de s'exprimer instantanément, puisque l'érection, en permanence inhibée, est toujours prête à se réveiller. Si l'homme ne respecte pas le rythme du désir de sa partenaire, cette qualité devient un défaut et le compliment se fait reproche : « Il ne pense qu'à ça » pourrait se traduire par : « Il ne pense pas à moi, il ne m'écoute pas. » Dans la bouche d'une femme peu motivée pour l'amour, cela signifierait : « Il m'insupporte avec son désir aveugle de mes désirs. » La focalisation masculine sur le plaisir génital renforce cette idée de l'homme qui ne pense qu'au sexe, c'est-à-dire à la région génitale et à la pénétration, à l'opposé d'une femme qui rechercherait les sensations de l'être total. « Tous les hommes que je rencontre ne s'intéressent qu'au sexe, témoigne Véronique. Il faut toujours aller au but, si possible la première fois. Et ça ne m'intéresse pas, parce que la plupart du temps, je ne le revois pas. »

Nous sommes encore dans l'équilibre subtil entre désir et pulsion, qui doit prendre en compte le désir et la pulsion de la partenaire. Il n'existe pas de besoin impérieux d'accouplement ni de pulsion irrépressible en dehors de comportements pathologiques, agressifs ou pervers. Une grande difficulté aujourd'hui pour les hommes consiste à conserver la puissance de leurs pulsions dans le respect du désir de leur compagne.

Le féminin en lui

Cette idée de l'équivalence des sexes qui apparaît aujourd'hui légitime et se pose comme un naturel prolongement de la parité ne me semble ni utile ni opérante. Elle ne fait, à mon sens, qu'ajouter à la confusion des genres qui marque notre époque, sous-tend beaucoup de malentendus entre hommes et femmes et engendre des conflits conjugaux.

Nous sommes évidemment issus d'un embryon d'abord indifférencié, à la fois mâle et femelle, mais très vite toutes ses parties s'individualisent en mâle ou femelle sans possibilité de retour en arrière. Dès la naissance, on assigne au bébé un genre, masculin ou féminin, en général le même que le sexe biologique et cette identité sociale va modeler son esprit, ses valeurs, ses comportements en conformité avec la représentation que la société se fait de son rôle sexué : c'est le sexe social et celui-là non plus n'est pas susceptible de changer s'il est suffisamment affirmé. Chaque époque, chaque culture, définit ce qu'elle attend d'un homme et d'une femme, en général des rôles différents et souvent complémentaires. Certaines traditions modifient même l'aspect ou l'anatomie pour renforcer la masculinité ou la féminité afin qu'il n'y ait aucune erreur sur le sexe de la personne !

Des signes corporels ou vestimentaires sont destinés à souligner le genre, par exemple en Afrique où certains tatouages sont réservés aux hommes et témoignent de leur courage, de leur virilité. D'autres, réservés aux femmes, ont un caractère érogène. Chez les Tirs du Nigeria, les scarifications masculines, profondes entailles cutanées qui témoignent du courage masculin, ont évidemment un attrait érotique : « Quel est l'homme qui serait regardé par une fille si ces scarifications n'étaient pas douloureuses », dit l'un d'entre eux. Tandis que les femmes arborent des tatouages en relief qui stimulent l'homme pendant l'acte d'amour, au Dahomey sur la face intérieure des cuisses, chez les Yao sur les fesses, signes de féminité qui attirent la curiosité sexuelle des hommes[2].

L'évolution occidentale est inverse. Avec la libération des mœurs et sous l'influence salutaire du féminisme, les marques d'appartenance aux sexes ont peu à peu disparu avec l'apogée de la mode unisexe aux silhouettes androgynes. Une tendance idéologique d'un féminisme militant, voire d'un totalitarisme homosexuel, verrait dans l'unisexe l'avenir de l'humanité, idéal utopique qui confond l'homomorphie, ressemblance des sexes, et les grands principes d'égalité, de parité et de non-discrimination. « C'est comme si la masculinité était devenue honteuse », analyse Jacqueline Kelen. « Les valeurs masculines ayant été dites odieuses et patriarcales, envisagées sous un aspect exclusivement négatif (la guerre, le viol, le football et diverses cruautés), il ne restait plus à l'homme qu'à développer et "intégrer" son féminin. L'homme idéal, l'homme nouveau ne pouvait être que féminin, et l'homme actuel un spectre de la femme[3]. »

Une autre voie de l'évolution me paraît au contraire le renforcement des identités masculines et féminines dans de nouveaux rôles sociaux qui restent à définir, pour un équilibre conjugal que nous n'avons pas encore trouvé. Nous sommes dans une période de transition, celle de la compréhension de la différence des sexes. Ne la réduisons pas à néant en cultivant trop la mythique part féminine en l'homme et la part masculine illusoire en la femme !

Avoir bon goût

La sensualité n'est pas une valeur féminine, elle est humaine, ce sont les hommes qui l'ont insuffisamment développée. Cette reconquête est amorcée avec l'attention plus grande que les hommes portent à la sexualité féminine pour être plus proches des désirs de leurs compagnes. Première évolution, l'intérêt nouveau des hommes pour les préliminaires amoureux, dont ils savent aujourd'hui l'importance dans l'excitation de leur partenaire. Une façon pour les hommes de développer et de cultiver leur sensibilité, leur sensualité et leur érotisme.

Lors de préliminaires, le cunnilingus associe l'écoute sensorielle à la stimulation très subtile que désire la partenaire. C'est l'un des comportements masculins les plus appréciés par une femme lorsqu'il correspond à ses désirs, ce qui implique que l'homme soit profondément à son écoute. Beaucoup de femmes sont excitées par la stimulation orale du clitoris, sucé, léché, mordillé... de mille rythmes différents selon l'accord des deux partenaires. Ce n'est qu'affaire de préférence, donc d'écoute et d'entente mutuelle.

La sexualité est avant tout sensorielle : l'ouïe, la vue, le toucher y participent pleinement, tout autant que le goût et l'odorat fortement mêlés dans les sensations qui associent le contact des lèvres et les saveurs qui s'en exhalent. Les puissants stimulants de l'amour que sont les odeurs du sexe ont longtemps été réprouvés comme antihygiéniques ou pervers. Ils ne sont ni l'un ni l'autre, dans la mesure où ils ne procurent de gêne ni à l'un ni à l'autre.

Beaucoup de traditions érotiques connaissent le cunnilingus depuis des millénaires. Toutefois, il est absent ou interdit dans certaines cultures, essentiellement pour des raisons d'hygiène : on ne mélange pas la bouche et le sexe. Ni les Nandis, ni les Zandés du Tchad, ni les Dahomeys ne pratiquent le cunnilingus ; ils se risquent à peine à des attouchements des parties génitales[4]. La culture occidentale chrétienne a longtemps classé cette pratique parmi les perversions comme faisant partie du sexe satanique et des pratiques animales. En effet cette excitation orale de la femelle est nécessaire au mâle de très nombreuses espèces pour parfaire son excitation, par la forte stimulation qu'exerce sur son désir l'odeur du sexe et aussi, d'une façon symbolique, pour « marquer » son territoire, comme il le fait avec de la salive ou de l'urine dans l'environnement qui est le sien ; enfin pour compléter la lubrification vulvaire et préparer le coït.

Dans la pratique humaine actuelle, la majorité des hommes et des femmes ont essayé le cunnilingus au moins une fois dans leur vie (79 et 75 %), mais il n'est que très peu utilisé dans la vie sexuelle ordinaire. Seulement 28 % des hommes et 25 % des femmes monopartenaires l'ont pratiqué lors du dernier rapport[5]. Cela nous amène à penser que les hommes et les femmes actuels, entraînés par les habitudes et le rythme de leur vie, se privent des stimulations érotiques les plus efficaces et nécessaires, ce qui fragilise certainement leur sexualité.

À grand nez, grand pénis

« Belles, jamais ne prenez/Qui n'ont pas un grand nez », conseillait le poète Collet, au XIVe siècle. Il reprenait l'idée populaire de l'équivalence de la taille du sexe et du nez selon laquelle « qui a bon nez a bon membre ! ».

Cette idée est fortement ancrée dans les esprits, tant semble évidente l'analogie de forme entre les deux appendices dans une survivance de la vieille théorie de la physiognomonie et des correspondances entre les parties découvertes et les parties cachées de notre corps, ce qui permet de faire l'économie du strip-tease et de présupposer des qualités intimes d'après la seule apparence physique.

L'expérience montre qu'il s'agit plus d'un fantasme que d'une réalité, fantasme de la taille du sexe qui se porte sur le nez avec, toujours en filigrane, les fanfaronnades masculines sur l'importance de leur anatomie. Il n'est que de se rappeler cette définition de l'érection par Flaubert dans son *Dictionnaire des idées reçues* : « Érection : ne se dit qu'en parlant des monuments[6] ! »

L'intérêt d'un homme pour la taille de son pénis est d'abord lié à l'identité, à la confiance en soi, et à la réassurance, celle d'être normal, mais aussi à la crainte de ne pas être à la hauteur des espérances féminines. C'est pour cette raison que les hommes se disent toujours plus forts et plus membrés qu'ils ne sont. Le fantasme du gros pénis est à la mesure de la crainte de l'impuissance. Il n'est que de se rappeler la taille monstrueuse des statues priapiques grecques de l'île de Delos, phallus de plusieurs mètres de long, ou encore des amulettes romaines que l'on mettait au cou des enfants pour leur conférer bonheur, force et virilité. Elles représentaient l'enfant affublé d'un sexe plus grand que lui !

Concernant la dimension du sexe et son efficacité en amour, Masters et Jonhson ont bien montré que le « facteur taille » était une illusion, car les différences observées au repos s'atténuent ou disparaissent lorsque le pénis est en érection au maximum de son excitation[7]. C'est pourquoi le plaisir féminin a peu de rapport avec la taille du sexe de l'homme.

Enfin, dernier fantasme, celui de la taille des bourses, qui témoignerait de la plus ou moins grande virilité de leur porteur. Il n'en est rien et les différences de morphologie ou la plus grande hauteur de l'un ou l'autre testicule n'ont aucun lien avec le désir ni avec la puissance sexuelle. En d'autres termes, le plaisir sexuel n'est pas directement lié à la taille du sexe, mais plutôt à la maturité érotique de son porteur.

Le complexe du petit pénis

La préoccupation de la taille du sexe est une obsession fréquente chez les hommes, avec surtout la crainte phobique d'avoir un sexe trop petit : « C'est une réalité, confie Nicolas, je l'ai bien vu au rugby, sous la douche, ils avaient tous de grands sexes, moi je devais cacher le mien. Depuis j'ai arrêté le sport. » La première attitude défensive d'un homme convaincu de son insuffisance : fuir la confrontation avec les autres, c'est-à-dire la comparaison. Vient ensuite un évitement de la séduction et un refus d'avoir des relations sexuelles pour ne pas être confronté à la réalité fantasmée, entretenue par l'angoisse et le manque de confiance en soi.

Cette forme de complexe d'infériorité est très répandue notamment depuis que le porno est devenu le seul référent pour de nombreux adolescents qui se comparent alors à l'incomparable. Non que ce soit un idéal à atteindre, mais plutôt un sexe hors normes générateur de complexes qui ne peut en aucun cas être considéré comme un modèle. Les acteurs étant choisis pour la taille de leur membre, dans l'illusion mythique de la correspondance de la taille et de la jouissance, ces organes sont, d'une certaine façon, anormaux. La performance coïtale permanente des artistes du porno est ensuite un artifice de la technique cinématographique qui donnerait des complexes à tout homme normal et bien conformé. Les adolescents ne le savent pas. Ce complexe du petit pénis peut facilement être dépassé grâce à un examen médical, quelques entretiens d'information, des conseils sexologiques ou parfois une psychothérapie, lorsque cela apparaît nécessaire.

Il existe cependant une réalité des sexes trop petits, ce que nous appelons des micropénis, lorsque la longueur au repos ne dépasse pas 3,5 cm, ce qui est très petit et extrêmement rare. Ce sont en général des malformations de naissance, anomalies hormonales du développement, par manque de testostérone. La chirurgie du pénis permet alors un allongement de l'organe érectile de deux à trois centimètres ou un épaississement de la verge par injection et modelage sous-cutané d'un coussinet graisseux qui donne plus de volume à un membre qui en a peu.

Une autre façon de se rassurer est de se comparer au plus grand de nos cousins, le gorille, un malabar d'un mètre quatre-vingt-dix de haut et de près de deux cents kilos, dont le pénis en érection ne mesure que cinq centimètres ! L'homme est remarquable sur ce point, car il possède de très loin le plus grand pénis de tous les primates.

L'os pénien

« Le sexe de mon mari est si dur que je croyais qu'il y avait un os pour permettre une érection aussi forte », s'étonne Muriel qui se plaint de douleurs lors des rapports.

Non, il n'y a pas d'os dans le pénis humain, contrairement à une idée fausse très répandue qui a pris certainement naissance dans la réalité de l'os pénien des primates. En effet, tous les mammifères possèdent un os interne au pénis qui leur sert de tuteur lors de la pénétration et permet de conserver la rigidité du sexe. Car le pénis non humain est un petit organe fragile qui a dû développer des artifices particuliers pour assurer sa fonction lors du coït. Il s'est tout d'abord renforcé d'un petit os, le baculum, qui rigidifie un organe modérément érectile et lui assure une certaine rectitude, notamment pour l'intromission. Ce pénis mammifère et primate possède ensuite des épines et des écailles qui facilitent l'accrochage dans le vagin de la femelle. On a remarqué que les espèces monogames avaient en général un pénis simple et très court. En cela, le pénis humain a toutes les caractéristiques d'un pénis d'espèce polygame, notamment du fait de sa grande taille. Mais nous savons que l'homme n'est pas une espèce monogame. La violente compétition, chez les primates, entre les mâles des troupes multipartenaires a sûrement permis l'évolution du pénis vers une plus grande taille, dont celui de l'homme me semble la forme la plus achevée.

Le pénis humain est long, lisse et cylindrique, sans épine ni os pénien. Il a au contraire développé un ingénieux mécanisme hydraulique assurant sa rigidité et rendant inutile la présence de l'os pénien ou des épines de contact.

L'érection permanente

Il est très étonnant de rappeler, dans notre grande ignorance des « choses du sexe », que nous n'avons découvert le mécanisme de l'érection que depuis moins de vingt ans ! Aussi surprenant que cela puisse paraître, nous disposions alors d'une explication datant du XIXe siècle et très éloignée de la réalité anatomique et physiologique actuelle : c'était l'hypothèse de l'éponge passive, le tissu érectile du pénis, les corps caverneux, jouant le rôle d'éponge supposée être remplie de sang par la pression sanguine. Or c'est l'opposé qui se produit. En réalité, le pénis est une éponge active qui « aspire » le sang dans ses corps caverneux par le jeu de fibres musculaires jusqu'alors inconnues[8].

Nous étions en 1982 et pas au bout de nos étonnements. Dans la même décennie on a découvert l'action des substances sexo-actives sur l'érection, l'existence des fibres musculaires lisses des corps caverneux, le mécanisme vasculaire de l'érection et enfin le mécanisme biochimique de la commande de l'érection par le monoxyde d'azote.

Au bout du compte, le système explicatif du mécanisme de l'érection chez l'homme peut être résumé ainsi : sous une stimulation locale suffisante (du pénis ou de la région génitale) ou une stimulation centrale forte (désir), la libération de monoxyde d'azote au niveau des cellules des corps caverneux provoque leur remplissage et l'érection du pénis. Mais, suprême paradoxe, ce mécanisme est en permanence inhibé, pour ne se produire que lorsque le désir s'installe. C'est-à-dire que l'état de la verge au repos est en réalité l'état actif tandis que la verge en érection est un état passif !

Cela vient du fait que le cerveau envoie en permanence un message de non-érection vers le pénis par un signal adrénaline proche de celui de la peur. On comprend donc que la peur et l'angoisse provoquent des pannes érectiles. L'érection se produit alors lorsque cette inhibition cesse. Cela donne à penser que l'homme est en *érection permanente*, c'est-à-dire une érection toujours prête à se réveiller, car il suffit simplement pour cela que l'interdit du cerveau soit levé, que les conditions du désir soient réunies : un objet de désir et les conditions de tranquillité que demande l'amour, c'est-à-dire l'absence de peur, de crainte, de gêne, de tabou !

Devenir homme

« Être homme », cette expression générique est si fortement ancrée dans le sexuel qu'elle est synonyme d'être en érection, comme si la qualité d'homme se résumait à l'érection. Condensation très réductrice, elle masque toutes les autres dimensions de la masculinité tant cette affirmation recouvre la crainte de l'impuissance, au risque de confondre virilité et masculinité.

Être un homme, pour un homme, c'est d'abord la découverte, tout enfant, de l'érection réflexe qui se dresse comme un étendard identitaire et signe l'appartenance au sexe « fort ». *Être un homme* est dès lors un sentiment de fierté virile recouvrant à la fois la puissance sexuelle et le pouvoir fécondant. Pendant des siècles, l'impuissance était tout autant l'absence d'érection que la stérilité. Vont ensuite se greffer sur cette proposition des valeurs culturelles qui rendront compte de la maturité sexuelle et érotique. Certains hommes resteront cependant sur cette acception minimale de masculinité-virilité, souvent décevante pour une femme lorsque l'identité masculine se résume à la capacité érectile.

Être homme devient alors une sorte de chimère faite d'une naturelle virilité teintée, selon l'époque et le désir de la femme, des mythes qui peuplent l'imaginaire féminin, homme de cœur, valeureux chevalier, esthète, troubadour, séducteur… Mais des valeurs qui complètent cet homme masculin et n'en font souvent qu'un ersatz informe et unisexe.

Le mot révolutionnaire de Simone de Beauvoir dans *Le Deuxième Sexe* (« On ne naît pas femme, on le devient ») a permis à une génération de femmes de prendre conscience de leur féminité à conquérir. Il me semble de même qu'on ne naît pas homme, mais qu'on le devient, si l'on veut bien considérer la masculinité comme un achèvement personnel, différent de la seule virilité que confère le sexe de naissance, auquel malheureusement trop d'hommes restent confinés.

Cette notion d'homme en devenir est nouvelle. Elle correspond certainement à cet homme que désirent les femmes actuelles, ni fragile ni domestique, mais à la fois tendre et masculin. En 1486, dans son *Discours sur la dignité de l'homme*, Pic de La Mirandole, connu à l'époque pour « tout savoir », affirme avec une lucidité prophétique que la dignité de l'homme réside dans son « libre arbitre » pour se définir lui-même et se parfaire en tant qu'homme : « Je ne t'ai fait ni céleste, ni terrestre, dit Dieu à l'homme, ni mortel, ni immortel, afin que, souverain de toi-même, tu achèves ta propre forme librement, à la façon d'un peintre ou d'un sculpteur[9]. »

Il ne dépendra alors que de lui de choisir les valeurs qui seront les siennes et se mêleront à sa virilité, liberté ou lâcheté, violence ou tendresse, droiture ou mensonge… Les hommes d'aujourd'hui sont en train de comprendre qu'il leur faut devenir hommes s'ils veulent vivre avec une femme qui, elle-même, est déjà devenue femme.

Ne plus être un homme

Si la masculinité se résume à la virilité, le risque est grand de voir tomber la statue de soi-même avec le premier signe de défaillance virile : la panne sexuelle ou l'insuffisance, même supposée, de la performance sexuelle.

La dévalorisation est totale, elle se résume à l'archétype de l'impuissant dans l'imaginaire populaire. Celui qu'on appelait le *pisse-froid* ou le *pousse-mou*[10] porte la honte de l'échec : « T'es pas un homme », s'entend-il dire. Cette culpabilité ajoute à la perte de confiance initiale et majore la difficulté sexuelle. La défaillance sexuelle est une profonde blessure narcissique qui attente à l'image de soi, à l'identité sexuée, à l'estime de soi. La dépression n'est pas loin, elle est un obstacle supplémentaire vers l'épanouissement identitaire et sexuel.

La réassurance, par l'information d'abord, par un travail sur soi ensuite, si c'est nécessaire, est la voie de la solidification de l'identité masculine lorsqu'elle est fragile et conditionnée par la seule réalisation sexuelle. Cela nous amène à penser que trop d'hommes sont en devenir, ceux-là mêmes qui vivent leurs défaillances comme des blessures identitaires. Il leur faut grandir !

Ne rien lui refuser

Les « nouveaux hommes » se trouvent aujourd'hui partagés entre un rôle machiste traditionnel unanimement condamné et une soumission aux nouvelles exigences féminines qui leur apparaît comme la seule voie possible de leur identité. Ce choix binaire trop simpliste est le résultat de l'absence d'éducation des jeunes mâles à leur masculinité.

La possibilité de faire des choix et donc d'abandonner une position pour une autre caractérise la vie humaine adulte à l'opposé du bien-être de l'enfance où l'on peut tout vouloir sans rien abandonner. À ce compte, beaucoup d'adultes sont certainement encore des enfants ! Cette possibilité de décision ne peut être effective que lorsque la personnalité est suffisamment mature, c'est-à-dire stable dans ses choix identitaires. De nombreux malentendus apparaissent dans des couples formés très jeunes, à une époque où l'identité est mal assurée, mais où l'autre impose des choix conformes au couple modèle adulte des parents. Ces « petits couples » sont ainsi agités de façons d'être qui ne sont pas encore tout à fait les leurs et les obligent à des attitudes de compromis « peu réfléchies », car semblant aller de soi. C'est aujourd'hui la position difficile de jeunes garçons pris entre le désir d'être aimés de la fille de leur choix et la peur d'être abandonnés. Ils acceptent toute demande et vont même au-devant, comme s'il fallait « ne rien lui refuser ». « Je l'aime et ne veux pas la décevoir, confie Thierry, surtout qu'elle est parfois susceptible. Pour moi, c'est important de ne rien lui refuser. Je veux qu'elle soit bien et que notre couple soit heureux. »

L'accord amoureux ne se pose pas en ces termes, car une telle complaisance peut être vécue comme un manque d'identité et d'affirmation. Tout accepter est souvent considéré comme une faiblesse qui installe alors un désintérêt et un affaiblissement du désir, qui en général ne sont compris ni de l'un ni de l'autre. La voie mature de la relation entre deux sujets est certainement celle de l'affirmation des désirs : « Je peux te dire oui, comme je peux te dire non. Alors ce "oui" a une valeur forte qui signifie que j'ai choisi de te dire "oui", alors que je pouvais aussi dire "non". » C'est paradoxalement ce que l'on appelle une relation de confiance. Mais qui est vécue comme une crainte par un sujet immature, c'est-à-dire pas encore construit, puisqu'il craint, en disant non, de ne plus être aimé. Cette alternative ne se pose pas entre un homme et une femme certains d'être homme et d'être femme.

C'est un bon amant

Cette phrase qui est aujourd'hui très répandue dans la bouche des femmes, relayée par les magazines féminins, ne laisse pas d'inquiéter les hommes et de réactiver leur crainte de ne pas être à la hauteur.

Qu'est-ce qu'un bon amant ? Pour un homme ? Pour une femme ? C'est-à-dire dans l'imaginaire de l'un et de l'autre. Pour un homme, le bon amant est celui qui, par ses qualités viriles, amène la femme aimée au plaisir. Pour une femme, il est plutôt celui qui, par ses qualités de cœur, de tendresse, d'amour et de virilité l'amènera dans un état qui lui permette le plaisir. Le résultat est apparemment le même, mais la nuance est essentielle. Le bon amant est un hypnotiseur malgré lui. Et les femmes aujourd'hui attendent que l'homme aimé les fasse accéder à cette dimension magique d'elles-mêmes dans laquelle tout devient possible. C'est une question de langage, d'écoute, de compréhension, de partage d'une illusion ou, au contraire, de certitude de parler la même langue. Et là, il n'y a aucune recette sinon celle de l'exploration et de la découverte du monde de l'autre. Le bon amant est un aventurier, explorateur des terres inconnues, du « continent noir » féminin dont parlait Freud, un découvreur d'imaginaire, disposition dans laquelle les hommes n'excellent pas. Quel monde perçoivent-ils en dehors du leur ? Pour bien des hommes, les femmes restent un mystère insondable dont ils se défendent en disant : « De toute façon, les hommes et les femmes ne sont pas faits pour vivre ensemble, puisque chacun ne comprend rien à l'autre. » C'est au contraire sur la voie de la compréhension mutuelle, c'est-à-dire du partage d'un imaginaire commun, au-delà et dans le respect des différences, que se retrouvent les couples accomplis. Le bon amant est tout autant le performeur du sexe que le partageur d'imaginaire, car c'est ce partage qui permet l'accès à la jouissance.

Elle est trop longue...

« Ma femme est trop longue à jouir, je n'arrive jamais à la contenter. Alors, on se dispute, elle dit que c'est de ma faute, que je suis trop rapide. Et on ne fait presque plus l'amour. »

« Cet acte rapide du mâle typique, nous confirme Kinsey en 1948, peut être des plus décevant pour une épouse inhibée ou qui, par nature, a une réaction sexuelle lente, comme cela arrive chez de nombreuses femmes ; de tels écarts entre la rapidité de la réaction sexuelle du mâle et celle de la femelle sont des sources fréquentes de mésentente conjugale [...]. Néanmoins, penser que le mâle qui, dans des rapports sexuels, réagit rapidement est névrosé, ou connaît quelque autre état pathologique, ne se justifie pas scientifiquement dans la plupart des cas. » Il poursuit : « Si l'on considère les nombreuses femmes [...] auxquelles il faut dix à quinze minutes de la stimulation la plus attentive pour les amener à l'orgasme, et si l'on considère le nombre assez important de femmes qui ne connaissent jamais l'orgasme au cours de leur vie, il faut naturellement que le mâle ait une compétence tout à fait exceptionnelle à prolonger l'activité sexuelle sans éjaculer pour pouvoir créer une harmonie avec sa partenaire[11]. »

La nouvelle maladie des couples est une maladie de la synchronisation des désirs et du plaisir. Synchronisation apparemment sexuelle, mais qui prend sa source bien au-delà, dans l'entente quotidienne, et dont le sexe n'est souvent que l'aboutissement. Car la notion est éminemment subjective et des luttes de pouvoir se jouent dans le couple autour du temps qui passe, de celui que tu passes avec moi, de celui que tu prends pour jouir ou encore de celui que tu laisses à ma jouissance. Toutes formes d'attitudes qui seront désirées, acceptées, critiquées, refusées et qui donneront lieu à des réactions déterminantes dans la vie intime. Ce sont surtout les positions si différentes de l'accompagnement tendre, de la crainte anxieuse, de l'acceptation conditionnelle ou du sadisme vengeur qui se traduisent par une intimité souple dans le temps comme dans les comportements, une tension gênant l'harmonie amoureuse, une incertitude inconfortable ou enfin un acte-punition interminable. Cette gradation dans la tension nerveuse et dans les raisons de cette tension éloignent la femme de la jouissance, mais également de son partenaire tout en renforçant sa culpabilité : « C'est de ta faute ! »

Il est souvent difficile de sortir de cette impasse car elle est pérennisée par l'équilibre des personnalités. La femme vengeresse en est peu consciente, car elle a choisi un homme condescendant qui accepte ce rôle et ne le remet pas en cause. Le changement de position peut déstabiliser le couple. Or le couple ne tient que par cet équilibre fragile. Une solution est ici que la femme accepte de prendre conscience de sa position hégémonique et « sadique », en se rendant compte qu'une jouissance plus rapide ne constitue pas une soumission à l'autorité masculine. La jouissance féminine retardée est souvent le mauvais produit *a posteriori* de la guerre des sexes.

Je suis trop rapide

L'éjaculation rapide est la première plainte sexologique, avec une nouveauté : ce sont les hommes qui viennent aujourd'hui en parler alors qu'ils y étaient conduits par leur épouse il y a dix ou vingt ans.

« C'est parce que je ne fais pas l'amour assez souvent » : cet argument revient fréquemment, il est aussi une façon pour l'homme de se déculpabiliser en retournant la « faute » sur la partenaire qui serait moins désirante. Mais c'est encore une idée fausse. L'éjaculation rapide n'a pas de lien avec la fréquence des rapports sauf, bien sûr, lorsqu'ils sont extrêmement rapprochés et que l'éjaculation ne peut plus se produire.

Autre idée fausse entretenue par les médecins et certains thérapeutes, l'éjaculation précoce serait une sorte d'impuissance, la marque d'une névrose sexuelle en relation avec des conflits infantiles entre le petit garçon, sa mère et son père, entretenant culpabilité et manque de confiance envers les femmes. De ce fait, l'éjaculateur précoce haïrait inconsciemment les femmes et nourrirait un sentiment de culpabilité à l'égard de la sexualité. En jouissant trop vite, il priverait ainsi sa partenaire de plaisir. La très grande majorité des éjaculateurs précoces n'ont aucune névrose ni problème de personnalité, ils ont par contre conditionné leur sexualité en une séquence très rapide par un apprentissage inapproprié et certains d'entre eux, du fait d'une prédisposition. Pour ce dernier cas, il semble qu'il existe, comme d'autres régulations des comportements, une « dérive génétique au hasard » rendant l'éjaculation plus ou moins contrôlable pour certains éjaculateurs rapidissimes, mais aussi pour des éjaculateurs retardés qui disent bien n'avoir jamais fait d'effort pour cela.

Dans la très grande majorité des cas, la cause de l'éjaculation précoce est psychocomportementale, par un manque de perception des sensations sexuelles[12] prenant sa source dans un défaut du processus d'apprentissage des réflexes sexuels ne leur ayant pas permis de développer leur capacité à percevoir et à situer les sensations sexuelles nécessaires au contrôle éjaculatoire. Le déficit est avant tout sensoriel, ce qui permet de comprendre pourquoi, comme dans la plupart des difficultés sexuelles, c'est le réapprentissage sensoriel et la prise de conscience des sensations intimes qui permettent le dépassement du trouble.

« La première fois, je me souviens, rappelle Jean-Philippe, on était chez ma copine de l'époque et elle voulait absolument faire l'amour, mais je craignais que ses parents ne reviennent. Je pense aujourd'hui qu'elle y prenait du plaisir, ça l'excitait. Et moi, ça me foutait la trouille. Alors ça a tourné court, c'est venu très vite. Et depuis c'est toujours pareil. » La sexualité s'accommode mal de stress, d'inquiétudes, d'angoisses qui peuvent évidemment écourter l'acte, c'est une loi animale de préservation de l'individu devant le danger d'un possible prédateur. Mais cela n'est pas suffisant pour comprendre l'éjaculation rapide. Ce jeune garçon très attentif au moindre bruit pouvant signaler le retour des parents ne pouvait prêter attention à rien d'autre, surtout pas aux sensations très subtiles qui lui venaient de son sexe et du frottement très nouveau avec les parois intimes de sa copine. Le comportement sexuel étant très conditionné, notamment par les circonstances de la première fois, le même scénario va se reproduire, c'est-à-dire une inquiétude naturelle fondée sur la première expérience, l'absence de perception des sensations d'excitation au niveau du pénis et une éjaculation réflexe incontrôlable puisqu'elle n'est précédée d'aucun signal annonçant sa venue. Enfin un mécanisme psychologique va renforcer ce comportement inapproprié, la représentation mentale de ce jeune garçon sera celle d'un homme éjaculant rapidement « sans rien y pouvoir ». Et l'on sait comment il est difficile de modifier une image mentale. Ce sera d'ailleurs l'une des voies thérapeutiques de l'éjaculation rapide.

Quelques autres facteurs peuvent intervenir dans le même sens du conditionnement d'un acte bref, l'habitude d'une masturbation immédiate et diverses attitudes des premières partenaires, exigeantes ou critiques, renforçant la dévalorisation, l'image négative et empêchant à nouveau l'homme d'être à l'écoute de ses propres sensations.

Il n'y a pas de définition unique de l'éjaculation précoce, ni un temps, ni un nombre de mouvements coïtaux, ni un pourcentage de satisfaction de la partenaire. Il s'agit plutôt d'une notion subjective, celle d'une éjaculation survenant dans un délai insupportable pour l'homme ou la femme. Le traitement en est toujours simple, par quelques entretiens avec un sexologue lorsque l'homme consulte au début de son trouble, par quelques entretiens de couple ou une courte sexothérapie, lorsque l'habitude s'est installée, enfin avec l'aide de quelques médications qui aident l'homme à avoir une autre représentation de lui-même et ainsi très rapidement plus de confiance.

Ça ne vient pas

Certains hommes consultent parce que l'éjaculation ne vient pas suffisamment vite et même ne se produit pas malgré tous leurs efforts. Ils consultent souvent à la demande de leur partenaire qui se plaint d'un rapport prolongé : « Je ne peux pas éjaculer avant quinze à vingt minutes et mon épouse trouve cela insupportable ! » C'est le paradoxe d'une époque qui valorise le contrôle émotionnel de la sexualité mais dans laquelle il existe tout autant des femmes qui vivent mal le rapport prolongé tandis que d'autres se plaignent qu'il soit trop court. On ne peut changer aussi facilement de partenaire !

L'éjaculation retardée est une sorte de négatif de l'éjaculation précoce. Ce trouble peu fréquent pourrait être lié à une prédisposition, car lorsqu'on interroge cet homme sur les débuts de sa sexualité, il dit très régulièrement n'avoir rien fait pour la contrôler. Un autre paradoxe de notre époque est qu'aujourd'hui, l'éjaculateur retardé est valorisé par les femmes comme celui qui sait faire durer l'acte pour leur donner du plaisir, alors que l'éjaculateur rapide est critiqué et culpabilisé. La plupart du temps, le premier n'y est pour rien, tandis que le second fait chaque jour des efforts infructueux car il n'y peut rien !

L'éjaculation retardée est aussi en relation avec des traits de la personnalité, souvent une forte agressivité ou un caractère obsessionnel, qui engendrent un excès de tension inhibant le réflexe éjaculatoire. Un travail psychologique en relaxation permet souvent la libération de cette tension intérieure. Enfin l'anéjaculation, ou absence totale d'éjaculation, qui permet ainsi un rapport interminable, recouvre souvent une problématique inconsciente de fécondité, ce symptôme rendant la fécondation impossible. Il s'agit toujours d'une crainte des conséquences de l'acte sexuel, d'une crainte religieuse de mettre la partenaire enceinte ou bien d'une peur d'assumer la paternité... Il ne faut pas oublier que la sexualité sert aussi à faire des enfants !

Moi, je suis du matin

Pourquoi l'érection vient-elle à l'homme au cours de la nuit ? On a d'abord évoqué les rêves érotiques et fait le lien entre le contenu supposé des rêves et les pollutions nocturnes qui résultent d'une masturbation inconsciente au cours du sommeil. L'érection nocturne automatique survient en effet à quatre ou cinq reprises au cours de la nuit autour de la phase paradoxale contemporaine du rêve. La psychanalyse y voit le résultat de la lutte des pulsions amenées par le rêve et des interdits inconscients : « C'est seulement au réveil, nous dit Stekel, lorsque le mental de la nuit a marqué son empreinte, que cette situation (la lutte contre un invisible interdit) est considérée comme un réflexe sexuel. C'est ce phénomène tout particulier que Freud a nommé régression[13]. » Autre idée fausse, la croyance selon laquelle c'est l'envie matinale d'uriner qui provoque l'érection. Les urologues précisent que ce serait la pression exercée par la vessie pleine qui serait la cause de cette érection matinale. Il est alors difficile d'expliquer par la même cause les érections obligatoires du début de la nuit !

La recherche physiologique a tout d'abord montré que ce phénomène n'avait aucun lien avec le rêve, ni son contenu éventuellement érotique, et qu'il ne se produisait pas exactement pendant le sommeil paradoxal, sommeil du rêve, mais un peu avant et encore après. On l'explique plutôt aujourd'hui par un mécanisme nécessaire au maintien de la fonction érectile, c'est-à-dire au remplissage quotidien des corps caverneux, même en l'absence de sexualité. Si pour une raison ou pour une autre, cesse cette fonction automatique, il y a grand risque d'altération de la fonction érectile à long terme et de lésion des corps caverneux par manque d'oxygénation. Cela peut se produire au cours et au décours des dépressions, pour toute autre cause organique ou même psychologique, sous l'effet d'un médicament. Il est alors important de restaurer rapidement cette fonction pour éviter que le trouble érectile s'installe à long terme.

L'érection matinale réflexe n'a donc aucun lien avec les rêves érotiques, ni directement avec le désir de l'homme qui en est porteur. C'est pourtant lui qui va fièrement montrer cette érection à sa partenaire comme pour dire : « Vois comme je te désire. » Les hommes anxieux présentant des difficultés érectiles savent cela car, pour eux, dès qu'ils prennent conscience de leur pénis dressé, l'érection chute instantanément. Pour celui qui est « du matin », il suffit d'un peu de motivation et d'un objet de désir sexuel pour que l'excitation prenne le relais et que l'érection se maintienne.

Éjaculation obligatoire

« Quand il n'y a pas d'éjaculation, elle n'est pas bien, me dit Bertrand, car il lui manque quelque chose. Pour elle, le rapport n'est pas complet s'il n'y a pas d'éjaculation. »

Encore une idée fausse de l'imaginaire collectif, l'éjaculation n'est pas perceptible par la femme dans la mesure où le fond du vagin est dépourvu de sensibilité tactile. De nombreuses femmes sont cependant persuadées de cette sensation, car elle est symboliquement importante pour elles. On peut penser qu'elle est reconstruite à partir d'éléments indirects, le plaisir de l'homme qui est en général contemporain de l'éjaculation, la rétractation du pénis et l'écoulement du sperme qui suivent l'éjaculation. La réflexion de la compagne de Bertrand incite à une autre remarque : malgré une plus grande liberté en amour, la plupart des hommes et des femmes ont une idée normative de l'acte sexuel qui devrait se dérouler d'une certaine façon.

La liberté en amour est tout autre : c'est elle qui permet au couple de s'adapter au rythme de chacun et aux aléas de la vie lorsqu'ils font irruption dans l'intimité quotidienne. Le rapport sexuel n'est que la part privée du quotidien qui varie en fonction des humeurs, du besoin d'expression ou de réassurance. L'harmonie sensorielle à deux modèle ainsi les rapports intimes dans une séquence qui ne doit pas être fixée à l'avance. Les couples ont, bien entendu, des habitudes en fonction de leurs préférences, mais il est essentiel que le rapport puisse se dérouler très librement. Il peut commencer par de très longs préliminaires et ne pas aboutir obligatoirement à la pénétration, il peut s'étirer interminablement ou être un acte bref très jouissif pour les deux partenaires, on peut bien alterner caresses et pénétrations à l'infini, dans des positions multiples ou même unique, associant toutes sortes de stimulations, du doigt, de la langue, de la peau, des muqueuses... Le sexe est un jeu qui ne souffre qu'une seule règle : que tout soit possible tant que cela ne gêne pas le partenaire.

Onanisme

Non, il ne s'agit pas de masturbation. Encore une idée fausse, préméditée celle-là ! Par le « complot médico-religieux » qui domina l'Occident aux XVIIIe et XIXe siècles.

Pour définitivement le faire cesser, arrêtons d'appeler *onanisme* la masturbation.

L'onanisme est en réalité le nom traditionnel du coït interrompu. Selon la loi du lévirat (« tu épouseras la femme de ton aîné décédé s'il n'a pas eu d'enfant »), Onan, deuxième fils de Juda, devait s'accoupler avec sa belle-sœur pour lui donner une progéniture. Son père lui dit : « "Viens vers la femme de ton frère et remplis envers elle ton devoir de beau-frère : fais un rejeton à ton frère !" Mais Onan savait que cet enfant ne serait pas de lui. Aussi, quand il lui arrivait de venir vers la femme de son frère, il fraudait par terre, afin de ne pas donner d'enfant à son frère[14]. » Cet acte de retrait et cette fraude symbolisent l'invention de la contraception par le moyen du coït interrompu !

Il faut rappeler aujourd'hui que la pratique du coït interrompu ne peut être considérée comme fiable. Elle ne repose que sur le retrait masculin et sur un réflexe antiérotique, celui d'interrompre l'acte à l'instant du plaisir. C'est son point faible lorsque le plaisir domine la raison, mais aussi le meilleur moyen pour une femme d'être enceinte !

En dehors de certains préceptes religieux qui prônent toujours le coït interrompu malgré l'interdit biblique (!), la contraception masculine existe, c'est le préservatif, méthode très fiable si l'homme respecte quelques règles simples, de le poser alors que le pénis est en érection et avant toute pénétration, de le dérouler entièrement, de se retirer avant la fin de l'érection en tenant la base du préservatif et de ne l'utiliser qu'une seule fois[15].

Le préservatif tue l'amour

Connu depuis l'Antiquité, le préservatif masculin a été réinventé en 1565 par un grand anatomiste italien de la

Renaissance, Nicolas Fallope, qui réalisa une sorte de fourreau de toile s'enfilant « comme un gant sur un doigt ». Il était alors destiné à protéger de la syphilis qui faisait des ravages en Europe. Très vite interdit par l'Église pour « entrave à la Providence », il connut cependant un succès permanent dans la mesure où il était la seule méthode contraceptive assez fiable pour l'époque.

« Je ne peux pas en mettre, affirme Maxime, vingt ans. Je ne ressens plus rien et ma copine ne supporte pas. Ça tue l'amour ! » Certains hommes se plaignent effectivement de moindres sensations ou de « débander » lorsqu'ils mettent le préservatif ; certaines femmes lui reprochent d'atténuer les sensations de plaisir et de provoquer un échauffement vaginal, enfin d'interrompre le rythme sexuel pour le rituel de la pose du caoutchouc !

Toutes ces remarques ou critiques sont fondées si cela gêne l'un ou l'autre des complices amoureux. On ne peut que remarquer l'absence de gêne à l'utilisation du préservatif chez les couples très libres qui l'intègrent dans le jeu érotique, qui ne sont pas interrompus dans la séquence amoureuse et qui restent concentrés sur leurs sensations malgré cette contrainte extérieure.

À une époque où le condom était en boyau de mouton puis de caoutchouc grossier, où on le nommait *gant d'amour, ruban de sûreté* ou encore *cuirasse contre le plaisir*, il est évident que cet artifice technique constituait une épaisse membrane séparant les muqueuses et éloignant les amants de la subtilité des sensations amoureuses. Les préservatifs contemporains sont de très fines parois de latex qui se moulent parfaitement au pénis et permettent une sensibilité très proche du contact des muqueuses. Mais cela ne se discute pas, chacun fait l'amour comme il le désire et d'autres méthodes de contraception peuvent être utilisées. Malheureusement, en matière de protection contre les MST, aucun autre moyen n'est connu, à part le préservatif féminin qui présente les mêmes désavantages.

Ce n'est pas l'opinion de tous les hommes : « Je suis mieux avec un préservatif, précise Jean-Pierre, je contrôle mieux mes sensations et mon éjaculation est moins rapide. » Ce qui semble un empêchement pour les uns est un avantage pour d'autres. Tous les goûts sont dans la nature ! Les sensations d'excitation qui dominent au niveau de la verge et du gland et paraissent incontrôlables à l'éjaculateur rapide semblent pour certains s'atténuer par l'interposition de la membrane caoutchoutée du préservatif. On a pu incriminer une hypersensibilité du gland dans certains cas ; si ce mode sexuel leur convient, rien n'y fait opposition, mais ce ne peut être que pour un temps car l'éjaculation incontrôlable n'est qu'un comportement qui doit trouver sa solution bien au-delà d'un artifice permanent.

Enfin, pour les couples adolescents, le préservatif ne tue pas l'amour, ni la sensibilité, il tue la contamination et doit être impérativement utilisé par les jeunes pour chaque rapport non sécurisé. Cela permet de responsabiliser le garçon qui assure ainsi la protection tandis que la fille assure la contraception, partage des responsabilités qui renforce la complémentarité des rôles[16].

Oui, je jouis !

Contrairement au plaisir féminin, la jouissance masculine n'est pas expansive, elle est souvent très discrète voire secrète, et souvent silencieuse. L'homme n'en parle jamais et la montre peu. Est-ce le résultat de vingt siècles de plaisir coupable et de l'archétype masculin de l'homme insensible ?

L'orgasme masculin se déroule en deux temps, d'abord des contractions de la prostate, des vésicules séminales et des canaux déférents qui conduisent le sperme. L'homme ressent ces contractions comme un signal d'éjaculation imminente. C'est ce signal qui manque aux éjaculateurs rapides. Le deuxième temps associe les contractions de la prostate à celles de l'urètre et du pénis provoquant l'éjaculation. Ces contractions surviennent toutes les 0,8 seconde, exactement comme les contractions vaginales de l'orgasme féminin, et s'accompagnent de sensations de plaisir d'abord local, limité à la région pelvienne qui est animée par des contractions rythmiques, puis de relâchement de la tension sexuelle accumulée dans le reste du corps. Bien qu'il y ait évidemment de nombreuses particularités individuelles, l'orgasme masculin semble beaucoup plus stéréotypé que celui de la femme. On a enfin montré que la qualité de l'orgasme masculin, contrairement à ce qui se passe chez la femme, n'était pas liée à la satisfaction sexuelle[17]. Un homme qui n'a pas d'orgasme n'est pas insatisfait, contrairement à une femme sans plaisir. Peut-être du fait du plaisir de satisfaire la partenaire qu'amène l'absence d'éjaculation. De ce point de vue, hommes et femmes sont diamétralement opposés en ce qui concerne les capacités d'excitation et d'orgasme : la plupart des femmes n'ont aucune difficulté à contrôler et à limiter l'excitation, parfois même au prix de paraître « frigides », mais elles ont au contraire toutes les peines du monde, pour beaucoup d'entre elles, à arriver à l'orgasme. Tandis que les hommes ont de grandes difficultés à contrôler l'excitation et aucune à parvenir à l'orgasme !

Les comportements changent peu à peu et les hommes qui en prennent conscience sont en train de découvrir que l'orgasme et les sensations de plaisir ne se limitent pas au gland du pénis, s'ils acceptent de se laisser envahir par les sensations voluptueuses, c'est-à-dire d'être tout simplement à l'écoute des sensations qui se propagent en eux et s'ils acceptent, sans croire qu'il s'agirait d'un signe de faiblesse, de s'abandonner aux délices des gestes involontaires et des mots inconnus, à dire leur jouissance, ultime plaisir pour une femme. Car l'amour n'est jamais à sens unique.

C'est ta faute !

« J'ai peur de la panne. Chaque fois, elle me dit que c'est de ma faute si je n'ai pas de plaisir. » Il faut le répéter, le sexe a besoin de tendresse et de réassurance. Il faut arrêter de rejeter la faute sur l'autre, car en matière d'amour, il n'y a pas de faute. Chacun vit l'intimité à son rythme et les faiblesses sont les marques les plus humaines de l'acte d'amour.

La crainte d'une défaillance habite souvent l'homme qui va faire l'amour et peut causer la perte de l'érection par une naturelle anticipation de l'échec. Les pannes sexuelles isolées peuvent survenir à tout âge. Elles sont banales, elles sont le signe d'un état de stress ou d'autres difficultés psychologiques, mais elles peuvent s'aggraver selon la réaction de la partenaire et parfois devenir ainsi un trouble permanent. Heureusement, de très nombreux patients témoignent aujourd'hui du climat de confiance dont font preuve leur compagne avec des mots rassurants (« C'est pas grave ! On est bien ensemble ») qui contribuent à restaurer l'image de soi et à banaliser la défaillance érectile.

La crainte de l'échec sexuel ne peut qu'éloigner un peu plus le couple des sensations qui sont essentielles pour la communion intime et réduire l'intérêt pour la sexualité. La réassurance bienveillante autorise au contraire l'homme à être à l'écoute de ses sensations et des réactions que lui inspire sa partenaire, à être en contact avec elle.

Il faut en finir avec les accusations et le sexe pris en otage. L'intimité est un lieu de dédramatisation et non le champ de bataille de la guerre des sexes.

Le mythe de l'andropause

Sur le modèle de la ménopause, on a imaginé une andropause dont on discute toujours la réalité. Derrière ces deux termes se cachent des phénomènes totalement différents, la ménopause signe l'arrêt de la fécondité féminine alors qu'on sait l'homme fécond toute sa vie ; l'andropause serait au contraire un arrêt des capacités érectiles que l'on pourrait appeler sexopause. Or rien n'est moins sûr.

La chute brutale du taux des hormones sexuelles, qui caractérise la ménopause chez la femme, ne se retrouve pas chez l'homme bien qu'on puisse observer des variations minimes à la même époque de la vie, c'est-à-dire entre quarante et cinquante ans. On ne note cependant aucun arrêt d'activité testiculaire. L'attention est surtout portée sur la capacité érectile et les troubles sexuels qui sont plus fréquents dans cette tranche d'âge. Trente à 50 % des hommes de cinquante à soixante-cinq ans connaissent des difficultés érectiles passagères ou permanentes[18]. Cela ne présume en rien de leur cause. En effet, la plupart d'entre elles sont en relation avec des affections liées à l'âge (diabète, cholestérol, troubles cardio-vasculaires, etc.) et non avec une hypothétique baisse de la sexualité en fonction de l'âge. En ce qui concerne les hormones sexuelles, la sécrétion de la testostérone décroît progressivement au fil des années pour atteindre à soixante-quinze ans 60 % du taux moyen qu'on observe à vingt-cinq ans. Cette sécrétion ne s'interrompt jamais à l'exception du syndrome de déficience hormonale, le PADAM (déficit partiel en androgènes des hommes âgés), qu'on ne retrouve que chez environ 10 % des sujets.

L'andropause n'existe pas, si on la définit comme l'arrêt

de la vie sexuelle masculine, sinon pour environ 10 % des hommes. La réduction de l'activité hormonale doit encore être discutée car elle est très variable d'un sujet à l'autre et l'on connaît des hommes en parfaite santé qui vivent leur intimité à un rythme comparable à celui de leur jeunesse. Le premier facteur est évidemment l'absence d'affection pouvant limiter leur sexualité. Une autre condition a, depuis longtemps, intéressé les sexologues : c'est la qualité érotique de leur couple. En effet, les réactions sexuelles sont fonction de l'attitude de la partenaire, d'autant plus avec l'âge. L'érection est obtenue en réponse à une stimulation efficace, mais la définition de cette stimulation efficace change progressivement avec l'âge. Les mêmes stimulants sont souvent insuffisants, ce qui donne l'impression d'une disparition de la sexualité. Une seule voie de salut : l'érotisme du couple doit s'enrichir et évoluer à chaque étape de la vie.

La prostate et le sexe

Encore une idée fausse, les affections de la prostate et leur traitement n'arrêtent pas la sexualité. La prostate est une petite glande qui entoure la vessie dans sa partie basse et produit une part du liquide éjaculatoire. En général, l'homme n'entend jamais parler de sa prostate avant l'âge de quarante à cinquante ans, où son augmentation de volume l'empêche d'uriner normalement. Lorsque cette gêne est trop importante, le traitement est chirurgical : on enlève la prostate en partie ou en totalité. Cette opération a une première conséquence, celle de libérer les voies urinaires et de permettre à nouveau l'émission normale de l'urine. Elle a en général pour répercussion possible, par lésion du sphincter de la vessie, d'inverser le sens d'émission du sperme, qui sera éjaculé vers la vessie, ce que l'on nomme éjaculation rétrograde. En général, toutefois, ces opérations ne donnent aucune impuissance. L'érection est conservée, l'orgasme est conservé, mais il n'y a aucune émission de sperme, on appelle cela un « orgasme sec ». L'opération de la prostate ne modifie donc pas la sexualité à moins qu'une répercussion psychologique de cette opération provoque de l'anxiété et une fragilité émotionnelle qui déstabilise l'équilibre du couple. Les conseils d'un sexologue seront alors certainement utiles.

Un vieillard, ça n'en a plus besoin !

« Au-delà de cette limite, votre ticket n'est plus valable », prophétisait Romain Gary dans ce roman qui décrit très subtilement les angoisses d'un homme confronté à la fin de sa sexualité[19]. Ce roman n'est pas seulement une fiction, car malheureusement nombreux sont les hommes qui arrêtent leur sexualité, parfois jeunes, pour des raisons diverses qui vont de la croyance qu'elle est terminée à celle que le temps de l'impuissance est venu, parce que la partenaire n'a plus de désir, parce que le temps des amours est révolu... Dans l'absolu, le sexe n'a pas de limite, et les hommes et les femmes très âgés peuvent être épanouis en amour quel que soit leur âge s'ils ont des comportements amoureux qui leur conviennent. Mais surtout si leur couple conserve un érotisme mutuel. Rappelons encore une fois que la sexualité est avant tout affaire de sensualité. Lorsque les amants sont à l'écoute de leurs propres sensations, l'accord des gestes se fait plus naturellement.

5

LE JEU DE L'AMOUR

L'amour se joue à deux, toujours à deux ! Dans nos représentations, il n'en va pas autrement. Que le sexe se fasse seul, à deux ou plus, c'est toujours à deux que ça se passe parce que nous réduisons toutes ces situations à l'amour à deux. Désir, tension et résolution du désir, action et réaction mettent en jeu notre relation à l'autre dans ce qu'elle implique d'écoute, de compréhension, de respect, d'interaction. C'est ce qui fait le jeu de l'amour entre deux sujets adultes et désirants. La maturité érotique vient parfaire cet accord intime, condition nécessaire de la pérennité du couple. Le jeu de l'amour nécessite une certaine progression dans l'excitation puis dans l'accord des réactions sexuelles, une grande liberté des comportements, l'absence de contraintes, de jugement et surtout la libération des tabous et des idées fausses.

Les caresses sont superflues

« Je n'ai jamais aimé ça, elle pourrait le comprendre. Les caresses et les préliminaires, moi ça me gonfle ! Alors j'écourte, et ça ne lui plaît pas. Elle n'est jamais contente. »

Les caresses ne sont jamais superflues : c'est une idée fausse masculine. Elles sont au contraire indispensables à l'homme comme à la femme pour parfaire l'excitation sexuelle. Il est encore malheureusement fréquent que les hommes négligent, « bâclent » ou écourtent ce temps indispensable de l'amour, certainement le plus important pour l'accord intime. Dans la mesure où ils connaissent l'expression rapide de l'excitation sous la forme d'une érection, bien des hommes pensent qu'il en va de même pour leur compagne. Nous avons amplement discuté de cela.

Au-delà de l'excitation sexuelle, c'est l'idée même de l'amour qui vient aux femmes très différemment des hommes. Il s'agit d'un contexte, d'une disposition d'esprit, d'une émotion qui permet ou non à la femme d'entrer dans l'intimité de son compagnon tandis qu'il pénètre dans la sienne. Cette disposition d'esprit à l'amour commence le matin même, parfois la veille, ce qui déroute souvent profondément son compagnon. Car il faut à la femme un climat amoureux, un accompagnement tendre qui reflète des sentiments et réveille les siens, des gestes et des mots qui encouragent cette montée du désir, des caresses, des baisers, une étreinte... un contexte qui prépare à l'intime.

Les préludes à l'amour ne sont pas que préludes. C'est un acte à part entière qui recouvre deux réalités simultanées mais bien différentes : l'excitation féminine et l'apaisement masculin. On comprend que ce long temps de préparation puisse permettre à la femme d'obtenir un même degré d'excitation que son compagnon afin d'être au bord de l'orgasme au moment où la pénétration pourra se réaliser. En face, pour l'homme, ce temps des préludes ne doit pas être un nouveau facteur d'excitation, mais au contraire une école d'apaisement et de jouissance de la tension sexuelle.

Beaucoup d'hommes qui redoutent et écourtent les préliminaires ne savent en réalité pas gérer ce moment essentiel à l'amour et poursuivent la montée de l'excitation sans pouvoir s'y opposer avec parfois la survenue involontaire d'une éjaculation, qui témoigne de leur impossibilité à vivre un trop-plein d'excitation. Une autre solution leur vient à l'idée, pour éviter cette issue inéluctable, de pénétrer de façon prématurée, ce que ne comprennent pas leurs partenaires, surprises et interrompues dans la montée de leur excitation.

Si des caresses, des baisers, des gestes intimes gênent ou excitent trop l'un des amants, il faut qu'il puisse le dire et interrompre un instant la stimulation. La liberté à deux n'est qu'à ce prix : que tout soit libre dans la mesure où ça ne gêne pas le partenaire. Il y a, pour certains et certaines, une barrière de la pudeur, parfois du dégoût. Il faut la comprendre, la respecter, et si besoin, demander conseil ou information auprès d'un thérapeute. Les préférences sont d'abord individuelles, c'est avec une meilleure connaissance de l'autre que le couple adopte des préférences communes, des manières de faire qui lui sont propres, des habitudes érotiques qui enchaînent les réactions intimes et déclenchent la jouissance à deux. Mais il n'y a jamais d'obligation à cela ; plus l'amour est ludique, et chaque fois différent, plus il est souple dans son expression et solide dans la durée.

Les caresses ne sont donc jamais superflues, ni pour l'homme, ni pour la femme. Elles traduisent la délicatesse de l'approche corporelle par tous les moyens sensibles qui sont à leur disposition. Caresse des yeux, jeux du regard, érotisation des corps pour le plaisir d'offrir à l'autre le meilleur de soi, l'image de l'être aimé dans son intimité non partagée ; caresse du tympan par les mots de l'amour, le son chaud de la voix d'un amant, d'une femme amoureuse qui exprime son désir ; caresses à fleur de peau d'une main délicate, étreinte chaude d'un corps aimé, contact intime et presque immobile d'un ventre, d'une cuisse, d'un sexe qui se prépare à l'amour ; caresses de deux épidermes ; caresses d'une bouche amoureuse qui réveille la volupté endormie. Les caresses sont innombrables, infinies, toujours renouvelées, elles accompagnent tous les temps de l'amour. À pratiquer sans modération.

Vite fait, bien fait !

Dans son *Art d'aimer*[1], il y a plus de deux mille ans, Ovide n'était pas tendre pour le coït égoïste et l'orgasme solitaire : « Je hais les étreintes qui n'amènent pas la détente des deux partenaires. » Cette critique est évidemment adressée aux hommes qui « laissent la femme en chemin », puisque l'interruption est toujours à sens unique.

L'acte bref égoïste existe bel et bien ! Il est en général le fait d'un homme qui ne pense qu'à lui et légitime son acte par la formule bien connue : « Vite fait, bien fait ! », sorte d'antithèse de l'acte d'amour partagé. Ce n'est évidemment pas le cas d'un acte rapide mutuellement décidé par deux amants qui se connaissent bien et peuvent jouir de ce « vite fait, bien fait ». La plupart du temps, il s'agit d'une instrumentalisation de la femme pour les besoins de l'homme.

L'ancienne obligation maritale de l'accouplement régulier imposait ce mode de relation entre homme et femme lorsque le « devoir conjugal » n'était pas désiré. C'était alors l'épouse qui imposait la rapidité de l'acte pour se débarrasser d'un fardeau obligé. La vanité masculine a ajouté à l'injonction « fais vite », le jugement de valeur « bien fait », comme pour se glorifier d'une sorte d'exploit sexuel consistant à réussir un acte bref malgré l'opposition de la partenaire. « Bien fait » laisse sous-entendre que la partenaire aurait joui de ce « vite fait ». Encore une prétention qui fait fi du vécu féminin.

L'amour en silence

« Il n'y a point de plaisir qui perde à être connu », déclare Marivaux dans son *Paysan parvenu*[2]. Oui, mais les plaisirs de l'amour engagent tellement d'émotions, de tabous, d'interdits, que nombreux sont les hommes et les femmes qui n'en disent mot.

Le sexe se fait souvent en silence, comme pour confirmer que l'amour est un « faire » et non un « dire ». « L'amour est [...] une besogne, un commerce, un jeu, un culte, une chevauchée, une joute, une épopée, etc. Pratiquement toutes les relations transitives peuvent ainsi servir de support à une image sexuelle[3]. » Tant d'expressions désignent cet acte que nous avons l'impression de nous retrancher derrière ces métaphores (« Travailler la vigne du seigneur ») pour éviter d'en parler avec les mots qui viennent à celui, ou celle, qui vit l'amour.

Vingt-neuf pour cent des hommes et 31 % des femmes disent ne pas avoir parlé à leur partenaire au cours de leur dernière relation sexuelle[4]. Or l'échange de propos sur le désir et les sensations physiques m'apparaît comme une condition fondamentale de l'entente à deux et de l'accord intime tant sur le plan physique que sentimental. Le silence total reflète souvent l'inhibition, parfois la gêne ou encore le refus. Mais le langage est nécessaire aux humains, même dans les moments les plus régressifs ou les plus archaïques de leur vie intime, et l'amour est de ceux-là. Aucune parole n'est obligée, encore faudrait-il qu'elle ne soit pas interdite. Car les mots ont une fonction, celle de réveiller et d'entretenir l'imaginaire, qui est certainement le moteur le plus puissant de nos désirs. « Tu me plais, tu es belle... », « Tu m'excites, je te sens fort en moi... » sont des échanges de sensations et de sentiments indispensables à la montée ou au maintien de l'excitation. À l'opposé, l'absence de réaction est souvent prise pour de l'indifférence, voire pour une désapprobation tacite. Mais chacun n'en sait rien, ni celui qui interprète cette absence d'encouragement comme un signal négatif, ni son partenaire qui ne peut imaginer ce contresens et lui reproche de ne pas être plus réactif. C'est un langage de sourd en quelque sorte. Et de surcroît muet !

À l'inverse du silence viennent les bruits, les cris, les murmures, les gémissements, toutes sortes de sons exhalés par le corps qui les tire du tréfonds de l'être, dans ce moment archaïque de l'abandon aux forces involontaires et incontrôlées du plus profond de soi. Cette communion au secret du mystère intérieur ne se fait qu'à deux conditions : une profonde intériorisation autocentrée et un lâcher prise permettant l'abandon total à soi-même. La première condition cultive un certain égoïsme nécessaire à la recherche des sensations personnelles. En ce sens, l'amour ne se fait réellement qu'avec soi, ce qui est le seul moyen de parvenir à la communion totale à deux. C'est paradoxalement la raison des échecs sexuels d'hommes, mais surtout de femmes, très idéalistes, qui ne jurent que dans le partage et l'indivision. Mais la jouissance profonde ne se partage pas, elle ne peut que se transmettre, partiellement, là encore par des mots.

La seconde condition dépend en partie de la première, c'est-à-dire de l'abandon à soi pour ensuite parvenir au « lâcher prise » total que requiert la jouissance amoureuse. De nombreux freins s'opposent à ce « lâcher prise », le stress, les tensions intérieures, les blessures intimes, celles qui ne supportent aucune baisse de la vigilance et qui nécessitent de rester toujours sur le « qui-vive ». Car l'amour requiert un abandon total et donc le sentiment que rien ne peut être menaçant. Le « lâcher prise » relève ainsi de l'affinement de nos perceptions et d'un changement de notre rapport aux autres, par un abaissement des défenses[5]. Or la vie quotidienne engage à chaque instant notre personnalité qui réagit en tension, tente de maîtriser les menaces extérieures et de contrôler la montée de l'angoisse. Tandis que l'amour nécessite l'abandon de la vigilance, ce que tous ne peuvent réaliser, ou pas immédiatement. C'est ici qu'il est important d'être attentif aux réactions du partenaire. Si cet abandon est trop difficile, voire impossible, et s'il gêne la relation intime, un travail psychothérapique en relaxation est très souvent utile[6].

L'ultime « lâcher prise » est donc certainement celui du langage, que s'interdisent les timides, les « coincés », les conventionnels, les craintifs, ceux qui sont dans une relation de dépendance à l'autre, les couples peu érotisés, les gênés de l'amour... Et ce n'est pas facile. Certaines conditions inhibent aussi l'expression verbale des émotions, la promiscuité familiale, les cloisons trop perméables, la crainte que les enfants entendent... Alors, malheureusement, l'amour se fait souvent en silence, comme en cachette, comme s'il était un fruit défendu. Mais il ne souffre aucun interdit. Là s'expriment des sons et des mots inconnus, des plaintes profondes, des soupirs, des murmures, des geignements, des borborygmes. Là rien n'est interdit et nul ne s'avise d'être policé. On touche à l'origine de soi et de l'humain, à ce qui est animal en nous et que Georges Bataille définit comme à l'articulation de l'horreur et du désir, l'horreur de « l'animalité répugnante dont je découvre la présence » en moi mais dont je ne m'éloigne pas, « ce dégoût devenu mon délice ». « Je dispose en cela de mots *orduriers*, qui avivent le sentiment que j'ai de toucher au secret *intolérable* de l'être. Ces mots, je puis les prononcer pour crier le secret découvert, voulant être sûr de ne pas le connaître seul : à ce moment, je ne doute plus d'embrasser la totalité sans laquelle je n'étais qu'*en dehors* : je jouis[7]. » La jouissance ne s'accommode d'aucune limite, surtout pas celle des mots.

Accord humide

« Je ne comprends pas, elle "mouille". Donc, elle est consentante ! Et après, elle me reproche de l'avoir obligée et de ne penser qu'à moi. » Les signes de l'excitation peuvent être révélateurs, il est important de bien les connaître, mais également de ne pas les prendre pour paroles d'évangile, surtout lorsqu'ils semblent aller dans le sens de nos désirs. L'amour se parle, le désir s'exprime, les questions se posent, car l'amour tacite et silencieux entraîne trop souvent des malentendus. Une femme excitée n'est pas forcément une femme consentante, ni consentante à tous les désirs de l'homme qui est en face d'elle. Les réactions physiologiques sont l'expression d'une émotion et, dans une certaine mesure, sont involontaires, c'est-à-dire pas décidées consciemment. Elles obéissent à une commande automatique qui traduit le niveau de liberté de cette femme avec elle-même, mais aucunement son degré de liberté ou d'acquiescement de la relation avec tout autre. Entrent alors en jeu le niveau de séduction, la qualité de la relation amoureuse, le désir d'abandon et des paramètres personnels qui décident de la poursuite ou non d'une relation intime.

La première réaction physiologique de la femme à une stimulation sexuelle, quelle qu'elle soit, est la lubrification vaginale. De même que pour l'homme, l'érection est un signe d'intérêt et d'attrait sexuel. Elle n'est en rien une obligation à poursuivre la progression amoureuse, indépendamment du consentement de l'autre. Masters et Johnson précisent que « la substance lubrifiante apparaît sur les parois du vagin dix à trente secondes après le début d'une stimulation efficace quelconque[8] ». Le caractère réactif, et donc involontaire, de cette lubrification semble évident. Mais il n'est pas suffisant pour qu'on doive supposer l'accord féminin et nous avons amplement dit combien la femme n'était alors pas prête à l'accouplement. Tout homme se doit d'être attentif à cette subtile progression de la femme vers une possible relation intime. Il ne s'agit donc que d'un *accord humide* !

Quand le pénis touche le clitoris

« J'ai du plaisir quand son pénis touche mon clitoris. C'est au moment où il me pénètre que je jouis le plus, puisqu'il est à l'entrée ! » Les confusions anatomiques n'ont aucune importance dans l'absolu, mais elles entretiennent des idées fausses qui entravent et limitent l'harmonie conjugale. Et il ne faut pas penser qu'elles sont des raretés.

La correspondance symbolique des organes alimente cette confusion : le clitoris serait comme un petit pénis et il semble naturel que deux pénis se rencontrent. Sinon, que signifierait le rapport sexuel ? La réalité du coït empêche que le pénis touche le clitoris au cours de l'acte. Cette confusion est renforcée par la conviction intime des femmes qui le vivent : « Je le sens bien, c'est à ce moment où ils se rencontrent que je jouis. » C'est d'autant plus vrai que la réalité de l'orgasme clitoridien identifie le « bouton sacré » comme la seule source du plaisir et l'organe masculin comme le seul donneur de plaisir.

Les femmes ne sont pas les seules à vivre une anatomie imaginaire ; nombreux sont les hommes à être très imprécis sur la géographie de leur compagne. « Pour moi, d'après ce que j'ai compris, m'explique Jacques, soixante-sept ans, il y a deux types de femmes, les clitoriciennes et les vaginales, enfin celles qui aiment qu'on reste sur le bord du vagin et celles qui préfèrent qu'on aille jusqu'au fond. Où c'est le clitoris ? Oh, vous le savez mieux que moi, c'est vers l'entrée. » Ce fantasme est toujours partagé dans l'ignorance de la différence des sexes et sous prétexte d'une pudeur appelée « respect », qui frise l'inhibition. « J'imagine, car je n'ose pas voir. »

Je n'ai aucunement le désir de détruire des illusions, si ce fantasme clito-pénien permet l'épanouissement de la femme. Mais la plupart du temps il accompagne des difficultés de couple qui font symptôme chez l'homme, pannes érectiles, baisse du désir, éjaculation prématurée, toutes conséquences de l'excitation artificielle et désordonnée qui semble nécessaire à cette femme pour jouir d'un frottement imaginaire. L'anatomie ne doit rien imposer, l'imaginaire non plus.

Sodome

Le Kama Sutra l'appelle *plaisir merveilleux*, l'Europe depuis le XVe siècle la nommait *botte florentine* en hommage à cette spécialité italienne. La sodomie, échappée des flammes de l'enfer, est devenue en quelques décennies une pratique sexuelle acceptable, puis recherchée, enfin et surtout, mythifiée.

Sodome fut détruite par le Dieu d'Israël pour punir la corruption de ses mœurs. Cette cité de Palestine, très libre en amour, en pratiquait toutes les variantes et notamment la pénétration anale qui prit le nom de *sodomie* et qui était punie de mort en raison de son caractère non fécondant. Ce fut d'ailleurs pendant longtemps un moyen contraceptif, utilisé notamment par les filles avant le mariage.

Il y a encore quelques décennies, la sodomie était condamnée par la loi, elle était une perversion pour le psychiatre, une monstruosité contre nature pour l'Église. La sodomie n'est plus considérée comme une pathologie, elle est plutôt vue comme une transgression par certains, mais c'est aussi une pratique habituelle pour d'autres. Cependant, elle ne doit jamais être une contrainte pour qui que ce soit. Elle est en tout cas une variante sexuelle assez connue puisque 30 % des hommes et 24 % des femmes, en France, l'ont au moins essayée une fois dans leur vie[9]. Mais en définitive, il faut rappeler qu'elle est peu pratiquée puisque seulement 5 % des hommes et des femmes interrogés par Spira l'avaient réalisée lors du dernier rapport sexuel[10].

Le battage médiatique sur la sexualité donne l'impression que la sodomie est très habituelle et répandue, car il valorise et surreprésente les pratiques marginales et les prône comme une nouvelle tendance qu'il faudrait suivre pour être « dans le coup ». Quoi qu'il en soit, la pénétration anale est une curiosité à essayer si les deux amants le désirent, à poursuivre si cette expérience leur a plu et qu'ils y trouvent du plaisir sans contrainte. Il s'agit d'une tout autre pratique que la pénétration vaginale, dans la mesure où l'anus, extrémité inférieure du tube digestif, n'est pas équipé de glandes lubrificatrices ni de corpuscules de volupté susceptibles de déclencher l'orgasme. Des précautions doivent donc être prises pour lubrifier, assouplir, élargir l'orifice anal avant pénétration, et ce, plutôt en fin de rapport sexuel lorsque tout le périnée, très excité, est déjà distendu. Un lubrifiant est tout de même nécessaire.

En ce qui concerne la jouissance, on doit considérer différemment la sodomie homosexuelle du rapport anal dans un couple hétérosexuel. Le rapport homosexuel par sodomie ne peut donner lieu qu'à une jouissance intellectuelle, au plaisir du contact intime et de l'union par pénétration. En aucun cas à un orgasme qui, chez l'homme, est uniquement provoqué par l'excitation du pénis et l'éjaculation. La sodomie hétérosexuelle est tout autre, cette nouvelle pénétration augmente et renouvelle l'excitation du périnée féminin qui devient jouissif de toutes parts. L'anus devient alors une zone gâchette de l'orgasme, essentiellement par la proximité de la plate-forme orgasmique du vagin qui jouxte la paroi de l'anus. Ici encore on parle d'orgasme anal, mais il s'agit toujours de l'amplification anale de l'orgasme vaginal et clitoridien. À ce moment de l'amour, les tissus féminins sont excitables de toutes parts, si la femme est très libre avec elle-même.

L'orgasme unique

« Chez nous, ça se passe toujours de la même façon, on a un rapport, j'ai un orgasme, lui aussi et ça s'arrête. » La sexualité dans le couple est souvent stéréotypée avec le mythe de l'orgasme unique qui modèle la femme sur le comportement de l'homme. Alfred Kinsey l'avait remarqué : « Il est courant que le mâle parvienne à un seul orgasme et ne tente pas de poursuivre les rapports sexuels au-delà de ce point. »

En l'absence de culture érotique, chacun vit au rythme du partenaire. Au cours du coït, la séquence masculine connaît une contrainte obligatoire : celle de la phase réfractaire après l'orgasme, c'est-à-dire que l'homme ne peut pas avoir plusieurs orgasmes successifs car à la suite de l'éjaculation, il s'installe une période d'impuissance de durée variable selon les individus, leur âge, et leur état sexuel, pouvant aller de quelques minutes à plusieurs heures, rendant érection et éjaculation impossibles et aboutissant généralement à un état de non-excitation. Le coït est alors interrompu ou se termine à cet instant, si la satisfaction de la partenaire a été obtenue. Beaucoup de couples vivent ainsi au rythme de l'éjaculation masculine, synonyme de plaisir pour l'homme mais aussi d'interruption du rapport, sans savoir qu'il en va tout autrement pour la femme.

Hommes et femmes semblent en effet des individus tout à fait différents. C'est très vrai en amour, où la principale caractéristique féminine est la possibilité d'orgasmes multiples, peu connue ou peu vécue par la plupart des femmes. L'excitation aboutissant à l'orgasme est susceptible de renouveler cet orgasme si la stimulation érotique est poursuivie et si la femme connaît cette possibilité. Il est ainsi très surprenant d'entendre une femme pourtant très épanouie dans un couple libre dire qu'elle n'a jamais imaginé que le rapport puisse se poursuivre après l'éjaculation de son compagnon : « On a du plaisir tous les deux et ça s'arrête naturellement. C'est normal. Parfois, je n'en ai pas, mais c'est comme ça ! » On prend ici conscience de l'importance considérable du modelage culturel. Je vis mon intimité comme on me l'a racontée ou comme j'ai imaginé qu'elle pouvait se vivre : « Mon mari me caresse le clitoris, j'ai mon orgasme, puis il me pénètre, il a son orgasme et ça s'arrête. »

On peut s'interroger sur les raisons d'une telle différence entre hommes mono-orgasmiques et femmes multi-orgasmiques. Cette explication se trouve peut-être dans notre origine naturelle. Dans le monde primate, et certainement celui des premiers humains, le couple n'existe pas et les femelles ont plusieurs partenaires successifs selon leur choix et le rang de dominance, certainement pour augmenter les chances de fécondité. Le coït des primates est rapide (dix secondes chez le chimpanzé) et la nature n'a trouvé qu'un moyen pour obliger le mâle à se retirer et à laisser la place à un autre partenaire que de lier éjaculation, chute du désir et impuissance. La période réfractaire n'est ainsi que le pâle souvenir de l'impuissance transitoire postcoïtale destinée à laisser la place « au suivant » ! C'est-à-dire que le premier partenaire éjacule et se retire pour laisser la place à un second, à un troisième, à un quatrième... Aujourd'hui où la relation est personnalisée et où l'amour se mêle du sexe, les femelles n'ont en général pas le désir d'être immédiatement pénétrées par un autre mâle ! Il nous faut donc inventer des comportements érotiques favorisant l'orgasme multiple et la présence du seul être aimé à ses côtés.

Le mythe de l'orgasme unique et mutuel fragilise l'acte sexuel en induisant une séquence très stéréotypée qui ne supporte aucun grain de sable. Si l'homme ou la femme a moins de désir, la séquence est interrompue et le couple menacé. Bien comprendre les différences entre sexes et permettre un épanouissement spécifique à l'homme et à la femme est certainement un facteur de solidité de l'intimité physique. Une femme ne jouit pas comme un homme, c'est cette richesse de la différence qui permet à l'intimité amoureuse de se renouveler indéfiniment.

L'amour synchrone

Vieux mythe qui semble « naturel » à beaucoup d'hommes et de femmes, la recherche de jouissance simultanée est cependant, pour d'autres, génératrice de difficultés par la contrainte qu'elle impose aux deux partenaires. La première attitude « fleur bleue » est de penser à tout partager, c'est-à-dire croire qu'il existe une équité entre les jouissances de l'homme et de la femme : « Je jouis, donc tu dois jouir, et en même temps que moi. » C'est une idée qui a accompagné la libération sexuelle des années 1950-1970, celle de l'orgasme simultané. Cet orgasme mutuel ou « amour réciproque » était alors jugé idéal, si les deux partenaires jouissaient en même temps. Cette conjonction symbolisait alors l'amour total, l'union affective et physique dans un même moment qui mêlait orgasme et sentiment. Il a ainsi été recommandé par de nombreux médecins sexologues et manuels d'« amourologie ».

La recherche de cette synchronisation de l'orgasme a cependant engendré beaucoup de difficultés pour les femmes, qui ne jouissaient pas sur commande, pour les hommes, qui ne pouvaient pas exactement contrôler l'éjaculation. Pour beaucoup d'entre eux, cet impératif obligeait une concentration artificielle sur le vécu du partenaire qui leur enlevait toute spontanéité. Pour d'autres, la fixation obsessionnelle sur cet objectif idéal se doublait d'une forte culpabilité ou dévalorisation s'il n'était pas atteint, en espérant que le partenaire ne leur reprocherait pas cet échec.

Ce mythe de l'orgasme simultané a déstabilisé tant de couples que le conseil donné par les sexologues est aujourd'hui différent. Dans la mesure où la fixation d'un tel objectif peut entretenir des tensions anxieuses et engendrer des blocages, il est au contraire recommandé de s'abandonner à sa propre perception des sensations pour un libre accès à l'orgasme. L'objectif premier de l'amour est l'obtention d'une détente totale qui permette une libre montée de l'excitation. Comme pour parodier Lacan, on pourrait dire que l'orgasme simultané surviendra « de surcroît », si on ne s'en préoccupe pas. Les amants très expérimentés pourront effectivement influer sur cette dernière phase de l'amour s'ils parviennent au départ à une détente totale.

Au-delà de l'orgasme, c'est souvent d'un défaut de synchronisation dont souffrent aujourd'hui les couples des grandes villes : « Tu n'as pas envie quand j'ai envie », « Ton excitation va plus vite que la mienne », « Tu as fini quand je n'ai pas encore commencé »... C'est effectivement une plainte fréquente que l'homme et la femme ne se rencontrent pas souvent dans le temps de l'amour. Il faut voir à cela plusieurs raisons qui touchent toutes au début de ce moment à deux : les rythmes de la vie urbaine ne sont pas synchrones et le sexe ne souffre pas de précipitation. Il faut donc faire une parenthèse dans le quotidien ou se ménager un temps qui laisse les rythmes des deux amants se rapprocher. Ce ne sera effectif que si chacun est profondément à l'écoute de l'autre et sensible à la progression de l'excitation. L'amour permet ainsi de rompre avec les tensions de la vie courante. Lorsque ce n'est pas le cas, les tensions se prolongent et l'amour se fait difficile, voire impossible. Seul le temps permet la synchronisation des corps et l'abandon aux sensations qui culmineront dans l'orgasme. Qu'il soit unique, multiple, solitaire ou simultané, l'orgasme est un moment fort pour soi et le partenaire, un moment qui doit être valorisé, quel que soit son degré de simultanéité.

Il n'y a pas de rapport sexuel

Nombreux sont ceux qui ont voulu prendre à la lettre cette sentence de Lacan : « Il n'y a pas de rapport sexuel[11] », comme pour dire que le rapport sexuel n'existait pas !

Si Lacan paraît souvent énigmatique, ou même incompréhensible à certains, il a permis de grandes avancées dans la compréhension de la psyché et de ses mécanismes. Ses formulations volontiers cryptées paraissent obscures, car elles nécessitent une lecture active et des références à sa pensée pour être comprises. « Il n'y a pas de rapport sexuel » prend alors un sens tout autre et fondamental. Par cette curieuse formulation, Lacan veut insister sur la différence des sexes et la part incommunicable du vécu de l'autre en soulignant qu'« il n'y a pas de rapport entre la jouissance de l'homme et celle de la femme ». Il faut tout de même reconnaître que cette lecture demande une certaine explication, voire une initiation !

En effet, comment imaginer la jouissance de l'autre sinon, dans un premier temps, comme comparable à la sienne ? C'est l'attitude qui a longtemps prévalu, quand les hommes imaginaient la sexualité féminine et décidaient de ce qu'elle devait être. Lacan insiste : il n'y a pas de rapport entre la jouissance de l'homme et celle de la femme, c'est-à-dire qu'il faut apprendre à penser différemment, à entendre un imaginaire qui n'est pas le sien, à tenter l'articulation de deux mondes qui n'ont pas le même langage. C'est le défi de l'amour, de la rencontre de deux êtres qui partagent un temps de la vie. C'est l'énigme qui se pose à l'homme et à la femme depuis l'aube des temps et à laquelle tentent de répondre toutes les traditions, toutes les psychologies, toutes les littératures.

Post coïtum animal triste

Ce proverbe latin connu de tous sonne comme une vérité incontestable : après l'amour, l'animal est triste ! Au-delà du caractère un peu énigmatique de la formule, on peut entendre la survenue d'une réaction dépressive chez l'homme au décours du coït, comme si l'orgasme était suivi d'une baisse du moral. Cette réaction paradoxale se retrouve dans toutes les enquêtes sur la sexualité. Car, contrairement à l'idée populaire qui associe le plaisir et l'orgasme, ce n'est pas la joie qui est le sentiment le plus souvent lié à l'amour, la détente est plébiscitée par 93 % des hommes et des femmes. La joie ne vient qu'en second (66 % des hommes et 62 % des femmes se sentent souvent « joyeux » après l'amour). Enfin, 6 % des hommes et 13 % des femmes se sentent *souvent* ou *parfois* tristes ou déprimés après un rapport sexuel[12].

Cette « tristesse » peut refléter l'état d'apathie qui suit le coït après le relâchement brutal de la tension sexuelle succédant à l'orgasme. Elle est aussi la traduction de l'indifférence qui semble habiter les amants *post coïtum* et qui est due à la sécrétion d'endorphines responsables des sensations de plaisir. Le sujet est alors moins sensible aux sollicitations sensorielles, il est comme retiré du monde, il semble « triste », ou peut-être tout simplement détendu. Cette impression ancestrale de la « tristesse *post coïtum* » peut aussi recouvrir cette population de plus de 30 % d'hommes et de femmes qui se sentent détendus, mais pas joyeux. Les sentiments, ça ne se commande pas !

Après l'amour, il s'endort !

Les rapports subtils qu'entretiennent le sexe et le sommeil n'ont pas fini de faire couler de l'encre. Les érections et pollutions nocturnes, les rêves érotiques, les rythmes de vie qui désynchronisent les partenaires, le sommeil de l'un alibi pour un retrait de la sexualité, les insomnies de l'autre provoquées par la tension du désir. Autour et au décours du sommeil se trament les drames de l'amour, le refus, le retrait, l'indifférence, l'accord, la fusion, la jouissance.

« Mon mari se désintéresse complètement de moi, se plaint Geneviève, c'est insupportable. Après l'amour, il s'endort ! » Ce constat intolérable pour tant de femmes qui l'interprètent comme du mépris relève en réalité d'une idée fausse : il ne s'agit pas d'un désintérêt mais d'un accès de sommeil, parfois inéluctable, mais génétiquement programmé chez tous les mammifères depuis plus de deux cents millions d'années !

En effet, cet accès de sommeil est très perceptible dans certaines espèces, atténué chez d'autres, mais toujours présent. On s'est interrogé sur sa fonction : peut-être marque-t-il une phase de récupération après l'« épreuve » du coït. Chez le rat, cette séquence est exemplaire : le mâle s'approche de la femelle qui montre des signes de disponibilité, il respire et goûte ses sécrétions génitales pour estimer son degré de réceptivité. La femelle se met alors en hyperlordose lombaire, c'est-à-dire qu'elle cambre très fortement son dos, casse ses reins pour faire apparaître la saillie de son arrière-train qui constitue, comme chez tous les mammifères et l'homme, le principal déclencheur de la séquence masculine. Ce signal bien particulier provoque immédiatement l'érection du mâle qui pénètre la femelle à de nombreuses reprises extrêmement courtes, se retire et pénètre à nouveau près de cent fois en quelques minutes (!) et éjacule dans un dernier mouvement puis se retire et s'endort immédiatement en sommeil profond, alors qu'il émet involontairement des petits cris automatiques, destinés aux autres mâles pour les dissuader d'approcher pendant ce temps de repos.

La tendance à l'assoupissement après l'amour est un avatar de ce comportement mammifère, une persistance partielle d'une séquence obligatoire de l'acte naturel. Il n'est malheureusement pas compris et est peu connu des médecins ou même des thérapeutes de couple qui ne sont pas anthropologues. Cela nous fait encore penser que de très larges connaissances sont nécessaires à la compréhension de la sexualité. Elles dépassent le domaine de la médecine, celui de la psychologie ou de la seule biologie. Le sexe est un objet étrange dont nous commençons seulement à comprendre la complexité.

Je donnerai seulement deux conseils. Aux femmes : ne culpabilisez donc pas trop rapidement votre mari s'il s'endort après l'amour. Mais j'ajouterai à l'intention des hommes : ne prenez pas trop facilement mes arguments pour justifier un retrait de l'intimité amoureuse qui frise l'égoïsme. La tendance à l'endormissement existe, l'effort pour la dépasser aussi, et si l'intérêt pour l'amour et votre partenaire est suffisant, il vous permettra de poursuivre l'acte d'amour par des post-ludes faits de caresses et de tendresse. Car la seule définition du sommeil que je connaisse est qu'il reste la marque du plus profond désintérêt. Si je m'intéresse, je me réveille, mais si je suis capable de me désintéresser, je peux alors trouver le sommeil !

L'amour tous les jours

Ce mythe de la nécessité du sexe quotidien est fortement implanté dans la conscience d'hommes exigeants qui y trouvent une sorte de justification de leur pseudo-besoin ou plutôt de leur incapacité à accepter la frustration, mais aussi de femmes tyranniques, on aurait autrefois dit « insatiables » ou « nymphomanes », enfin de couples amoureux très inquiets et qui craignent, s'ils s'arrêtent de faire l'amour, que cela ne reprenne plus comme avant !

Cette fable très ancienne se retrouve sous la plume de Porcelet, un auteur français du XVe siècle, dans un long poème intitulé, en orthographe de l'époque, « Du vallet au XII fames » : « En homme de bien il se comportait/Et la baisait le mieux possible/Si on ne le fait pas, l'amour s'en va. » Le message est clair : si on ne fait pas l'amour, il s'en va. Et cette leçon semble valable dans les deux sens du terme, amour-physique et amour-sentiment. Faire l'amour est ici synonyme de désir de l'autre. Si tu ne me fais pas l'amour, c'est que tu ne me désires pas, donc que tu ne m'aimes plus. Une première raison de faire l'amour tous les jours : si je veux être sûr, chaque jour, de ton amour. Mais un tel raisonnement ne tient pas longtemps, car il est rapidement une contrainte ou une pression sur le partenaire et l'on sait combien « trop de désir tue le désir ».

L'amour-physique preuve de l'amour-sentiment est encore un argument simpliste, toutes les relations physiques ne sont pas le témoin d'un engagement amoureux. Mais ce lien est très fréquent car pour de nombreux couples les preuves d'amour ne sont pas nombreuses, ou bien tiennent à peu de chose. À ce compte-là, la moindre défaillance est interprétée comme une infidélité, l'absence de désir comme un éloignement, la rupture du rythme amoureux comme du désamour. Le sexe ne doit pas être pris en otage par les sentiments, d'autant qu'il le supporte très mal et que la culpabilisation liée à ce jugement peut provoquer des symptômes anxieux chez le partenaire et renforcer les signes du « désamour ».

Non, l'amour ne « doit » pas se faire tous les jours, c'est-à-dire que rien ne doit être imposé. Et les variations du rythme amoureux n'ont pas à être interprétées car, la plupart du temps, c'est à tort. Le désir et sa réalisation connaissent des fluctuations naturelles chez l'homme comme chez la femme. Une mécanique amoureuse permanente et infaillible peut être, au contraire, le signe d'une absence d'émotion voire d'indifférence. Les hommes et les femmes doivent alors se déculpabiliser des « défauts » de l'amour, de ce que Stendhal appelait son « fiasco » amoureux.

Ce sont enfin les couples très amoureux, vivant pleinement une rencontre passionnelle comme jamais ils ne l'ont vécue qui angoissent « la fin de cette passion ». J'ai souvent entendu cette plainte, cette inquiétude : « Nous sommes très amoureux l'un de l'autre. Ça fait bientôt trois ans, on fait l'amour tous les jours, plusieurs fois, c'est merveilleux, mais on a peur que ça s'arrête ! » Il est vrai qu'un rythme amoureux très soutenu peut difficilement se vivre sur une longue période avec les impératifs sociaux, les contraintes familiales… Mais rien n'est impossible en amour et, lorsque les deux partenaires ont mutuellement un haut niveau de désir, rien ne s'y oppose. Cette expérience, peu fréquente, ne doit pas non plus devenir un modèle tyrannique du désir permanent pour d'autres, car il ne se décide pas. Dans la plupart des cas, le couple doit s'adapter aux différentes phases de la vie et vivre avec plénitude le passage à un autre rythme. C'est dans l'art de ces transitions, et la capacité des partenaires à inventer successivement de nouveaux couples que réside sa compétence à vivre le couple longue durée.

Vivre ensemble tue l'amour

« Il n'y a rien de pire pour l'intimité que la rancœur. Ce mot trouverait sa place dans la nécrologie de n'importe quel rapport fondé sur l'intimité[13]. » Willy Pasini décrit les « intimités hostiles », celles qui tuent le quotidien et s'opposent à l'harmonie du couple, dont il extrait cinq tableaux : *l'hostilité du pouvoir*, celle d'un homme inhibé et manquant d'assurance, marié à une femme égocentrique qui a besoin de sa faiblesse pour jouer les dominatrices ; acceptation puis hostilité peuvent ainsi se succéder dans un couple invivable ; *la dispute comme doping*, sorte de signal d'un affrontement qui incite à l'intimité et se termine au lit, mais qui parfois dégénère dans la violence ou l'hostilité ; *l'indifférence*, qui est souvent l'aboutissement d'une hostilité sans issue dont il faut se préserver ; *le goût de la méchanceté* qui traduit des conflits de personnalité et souvent des conduites sadiques de persécution et masochistes d'acceptation, car on fait couple lorsque les névroses sont complémentaires ; enfin, *le goût de la vengeance* qui est encore le témoin d'une problématique non résolue de l'un des deux conjoints tenant l'autre sous sa coupe.

Vivre ensemble n'est heureusement pas obligatoirement l'expression d'une hostilité intime. Toutefois, ces comportements sont si fréquents qu'ils justifient la plupart des thérapies conjugales et des conflits de couples. Non qu'ils impliquent des malades mentaux ou des sujets psychopathologiques, mais parce que le couple est une caisse d'amplification des moindres particularités de la personnalité. Tel trait de caractère qui ne ferait pas symptôme trouve souvent en écho une facette de la névrose du conjoint qui rend ce comportement insupportable. Le travail thérapeutique avec un couple s'apparente à l'architecture : comment aider à une nouvelle construction sans déstabiliser ni faire s'effondrer le fragile équilibre qui préexistait.

Non, vivre ensemble ne tue pas l'amour, mais de nombreux exemples en montrent la fragilité, comme Karine et Emmanuel qui vivaient une idylle amoureuse depuis cinq ans et ont vu leur équilibre vaciller le jour où ils ont décidé de se marier et de vivre ensemble. Cela ne tient pas au fait de « vivre ensemble » mais plutôt à la symbolique du mariage qui a bouleversé leurs repères encore fragiles. Karine le désirait depuis longtemps, car dans sa famille, c'est une tradition. Inconsciemment, Emmanuel ne l'acceptait pas car, enfant de divorcés, il avait pris la résolution, enfant, de ne jamais se marier. Il l'a fait « pour elle », et leur couple est aujourd'hui menacé, car la construction psychologique individuelle doit précéder celle du couple.

Enfin vivre ensemble est au contraire une phase d'épanouissement pour un couple amoureux s'il a une maturité suffisante sur le plan psychologique et érotique. Et s'il peut inventer des formes successives de son couple qui soient progressivement adaptées à chaque période de sa vie.

Le couple, c'est naturel

« Ça fait dix-sept ans qu'on est ensemble, je l'aime, il est très amoureux, on est bien avec les enfants, mais le couple est toujours un problème, c'est difficile à vivre. Je préférerais que ce soit simple et qu'on ne se prenne pas la tête. » Sophie soulève un paradoxe : malgré l'amour et la vie familiale désirée, le couple n'est pas si facile à vivre avec Marc. Ils ont trente-huit et trente-six ans, un chien, deux enfants et une maison au bord de la mer, mais ils vivent depuis longtemps une instabilité du couple qui a remis plusieurs fois en question leur union et compromet souvent leur intimité.

L'histoire de Marc et Sophie, comme tant d'autres, est la preuve vivante que dans l'espèce humaine, le couple ne va pas de soi. Il faut en effet lever ici une nouvelle idée fausse et déculpabiliser les hommes et les femmes qui vivent difficilement ensemble : non, le couple n'est pas naturel ! J'ai longuement développé les arguments en faveur de cette thèse dans mon livre *Inventer le couple,* auquel je renvoie pour le détail de cette discussion. Insistons ici sur les conséquences de cette proposition : si vous vivez en couple et que vous éprouvez quelques difficultés, ne vous inquiétez pas, c'est normal puisque le couple n'est pas naturel !

En effet, les Occidentaux actuels tentent de vivre une monogamie de longue durée alors que ce n'est ni leur nature (notre origine est polygame ou multipartenaire), ni la culture majoritaire des humains (seulement 30 % des sociétés humaines sont de droit monogame !), ni leur histoire récente puisque jusqu'il y a peu, le couple était « noyé » dans la famille étendue, l'homme et la femme vivant peu ensemble et la durée de vie du couple était courte (treize ans au Moyen Âge, vingt ans au XIXe siècle, cinquante ans en 1960 et plus de soixante ans aujourd'hui pour les couples formés très jeunes)[14].

Cette espérance de vie plus grande des couples, qui est un phénomène récent, rend l'entreprise particulièrement difficile. Lorsqu'elle était faible et qu'il n'existait pas d'alternative au mariage (divorce interdit ou très rare), les difficultés se faisaient moins jour et beaucoup de conflits trouvaient une solution dans la raison. Aujourd'hui, les moindres difficultés trouvent une issue rapide et libératrice dans le démariage et la séparation, dans la mesure où les modèles dominants (romans et feuilletons télé) proposent cette alternative, et aussi parce que l'espérance de vie laisse à chacun espérer une deuxième, voire une troisième vie bien meilleure !

Le fait que le couple ne soit pas naturel, qu'il n'aille pas de soi, ne doit pas nous faire oublier que la grande majorité de nos contemporains ne désirent rien d'autre que le couple monogame amoureux et de longue durée. Ce sont certainement ces multiples conditions ou exigences qui font la difficulté d'une vie satisfaisante au long cours. Pour cela, il faut beaucoup de souplesse. Et puis, si le couple n'est pas naturel, cela signifie qu'il faut apprendre à vivre à deux, qu'il faut *inventer le couple* que l'on désire avec le partenaire qu'on a choisi, qu'il faut lui donner la forme voulue en fonction des habitudes et des désirs de chacun ou *réinventer le couple* s'il est en difficulté[15], ni dans le refoulement, ni dans l'obligation, ni dans la vengeance ou la rancœur. Cela implique un langage et un imaginaire communs, une tension érotique au quotidien et des moyens de réconciliation. Construire le couple est une entreprise passionnante, dont on est toujours récompensé. Elle s'oppose à l'attitude passive, souvent en échec, qui présuppose le caractère naturel de l'union et suggère qu'il n'y a rien à faire, que s'il y a une difficulté tout s'arrangera avec le temps.

Le couple s'invente, se réinvente, il doit se renouveler tout au long de la vie pour s'adapter aux multiples évolutions sociales, familiales ou psychologiques que traverse cette union à deux à géométrie variable. Pour cela, il lui faut faire une évaluation des valeurs mutuelles. Chacun doit s'interroger, se remettre en question, effectuer ce que j'ai appelé une *autothérapie* dans *Inventer le couple*[16]. C'est par cette prise de conscience du caractère dynamique et évolutif du couple que celui-ci trouvera son énergie vitale, et non dans une position figée, vite insatisfaisante, sous prétexte d'une évolution naturelle. La solution aux difficultés conjugales consiste à inventer des couples successifs avec le même partenaire pour vivre les moments différents de la vie à deux en dépassant les crises par le changement.

Mariage blanc

Seule raison valable de l'annulation du mariage aux yeux de l'Église, le mariage blanc entraîne paradoxalement beaucoup moins de séparations que les unions consommées mais conflictuelles.

« Ça fait dix ans qu'on se connaît, ça fait cinq ans qu'on est mariés, il y a longtemps qu'on essaie, souvent tous les jours, mais on n'y est jamais arrivés. Je suis toujours vierge et il est désespéré. » L'histoire d'Évelyne et Hervé n'est pas si rare, c'est l'histoire de deux naïfs, un jeune garçon timide, inexpérimenté et surtout respectueux de son épouse, vaginique et anxieuse, ne desserrant pas la contraction involontaire qui empêche toute intrusion. Ce mariage non consommé dure le temps que se poursuit la complicité masculine qui incite à accepter cet état de fait tout en le respectant, donc parfois toute une vie.

Le paradoxe du mariage non consommé confirme, s'il en était besoin, que la sexualité n'est pas uniquement naturelle. Sinon, elle se réaliserait à coup sûr. Il montre ensuite que l'intimité entre deux êtres nécessite deux préalables : l'abandon des tensions pour la femme et une tension suffisante du désir chez l'homme. En termes plus crus, je dirai qu'il s'agit d'une problématique « du dur et du mou ». La sexualité ne peut se réaliser que si le vagin féminin est souple et accueillant tandis que la verge masculine est dure et tendue. Dans le mariage non consommé, on observe une configuration diamétralement opposée, avec un vagin dur et tendu qui anticipe la pénétration et se défend pour l'empêcher, tandis que le pénis est mou et faible, conséquence de l'attitude féminine castratrice. La solution est de permettre à la femme d'accepter d'être accueillante et à l'homme d'être viril. Mais de nombreuses forces, de part et d'autre, s'opposent à cela.

L'enfant tue le couple

Tous les avis peuvent s'entendre, sur les liens entre désir, couple et famille, des opinions conservatrices qui prônent l'enfant pour réparer un couple en danger, des jugements novateurs décrétant que « l'enfant tue le couple »... Il n'y a pas de règle. Certains couples préservent leur intimité et sont épanouis quand ils sont entourés des enfants, tandis que d'autres n'arrivent pas à retrouver un espace personnel après une naissance. Le désir s'en ressent alors et le couple peut s'éloigner.

Il m'apparaît plus sûrement que la maturité psychologique, et surtout érotique, est le meilleur ferment de la longévité du couple à travers les épreuves de la vie, et d'abord l'arrivée des enfants. Cette maturité implique qu'elle soit préalable à la venue de l'enfant, c'est-à-dire que l'homme et la femme existent solidement dans leur intimité érotique avant de devenir parents. Ce n'est certainement pas le cas majoritaire. L'enfant déstabilise évidemment une femme qui n'est pas complètement construite dans son identité érotique et un homme qui n'est pas encore homme, les repères sont alors difficiles à trouver, car le désir devient fluctuant, les déceptions côtoient les épreuves de la vie et se substituent à la jouissance intime comme pour dire : « Je ne jouis plus, je souffre. »

La maturité érotique conserve la jouissance intacte et constitue une source d'énergie pour les épreuves de la vie. Elle implique que l'homme et la femme aient abandonné les positions infantiles et adolescentes, qu'ils existent en tant que sujets désirants l'un de l'autre, et que leur parcours personnel ait permis une liberté érotique mutuelle. C'est à ce prix qu'un couple peut solidement envisager d'avoir un enfant sans craindre d'être déstabilisé par l'interposition de ce tiers dans leur intimité. C'est un conseil très ancien : ne pas mettre la charrue avant les bœufs !

Ça s'arrangera avec le temps

« On se connaît depuis vingt-deux ans. » Sylvie vient parler pour la première fois des difficultés relationnelles et sexuelles qu'elle connaît dans son couple. « On s'aime, mais on ne s'entend pas. Il me reproche mon manque de désir, moi j'ai l'impression qu'il ne s'intéresse pas à moi. On a arrêté de faire l'amour après la naissance de Paul, je lui disais qu'il fallait consulter, que l'on pouvait certainement être aidés. Lui ne voulait pas, il disait que ça s'arrangerait avec le temps. »

Non, les difficultés conjugales ne s'arrangent pas avec le temps, au contraire elles se compliquent, se mêlent de sentiments de déception, de désillusion, parfois d'une dépression et elles éloignent chaque jour un peu plus les deux conjoints. L'aide d'un thérapeute n'est cependant pas obligatoire et de nombreux couples dépassent les crises en se régénérant à cette occasion. D'une certaine façon, ils inventent alors un nouveau couple mieux adapté à leurs nouvelles conditions de vie, avec l'expérience et les enseignements de cette crise dépassée. Cela nécessite toujours dialogue et compréhension, écoute et partage. Si le mal-être du couple s'installe, si la sexualité et l'intimité sont menacées, si les querelles sont fréquentes, il est toujours utile de parler avec un tiers (psychologue, sexologue, psychiatre, conseiller conjugal). En général, une situation difficile ne s'arrange jamais avec le temps.

Les médicaments de l'amour

Depuis la nuit des temps, l'homme connaît des défaillances en amour et cherche à y remédier par tous les moyens, défaillances sentimentales, défaillances sexuelles, froideur, stérilité, frigidité, dépit, désamour, impuissance. L'artillerie de Cupidon et celle de Vénus regorgent de ces expédients du désir qui sont réputés pour leurs vertus échauffantes. Ce sont des aliments aphrodisiaques, des potions magiques destinées à ranimer les flammes de l'amour, des rituels conjuratoires pour « dénouer l'aiguillette », des moyens physiques, la flagellation, les massages, etc.

Cette pharmacopée de l'amour est connue de tous, elle existe dans toutes les cultures et prête son concours à tous les fantasmes. Ce sont d'abord des aliments réputés excitants pour l'homme, comme les *animelles*, testicules d'agneau, de taureau, de bélier, les *amourettes*, moelle des os, et la cervelle peut-être pour le contenu supposé érotique de sa pensée ! Ce sont ensuite les huîtres que Casanova consommait chaque matin par douzaines et nommait « les aiguillons de l'esprit et de l'amour », les truffes que vantait le marquis de Sade ou George Sand et dont chacun se méfiait au point où un dicton dit encore : « Qui veut vivre vertueux s'abstient de la truffe. » Ce sont aussi les alcools, pour leurs propriétés désinhibantes et excitantes, l'hydromel dans l'Antiquité, le champagne au XVIIIe siècle, et puis le thé, le café, le chocolat. Ce sont surtout des aliments qui agissent symboliquement par analogie de forme avec l'organe défaillant : l'anguille, l'asperge, le fenouil, le concombre... Pour le sexe masculin, le gingembre ou la mandragore, dont les racines miment des jambes et un petit sexe ; les fruits juteux et ventrus, comme la pêche ou l'abricot, pour leur fente veloutée, la ressemblance avec les fesses et pour le « jus » qui s'en écoule ; enfin les coquillages pour leur analogie de forme avec le sexe féminin, les grandes et petites lèvres et le liquide qui les humecte[17].

Reconnaissons-le, il n'existe pas de vrai stimulant naturel de la sexualité, sinon quelques substances qui sont aussi toxiques que mythiques, comme la très réputée poudre de cantharide, extraite d'un insecte méditerranéen connu depuis l'Antiquité, mais dont la dose mortelle est de quelques centigrammes ! Plus récemment, certains médicaments défatigants ont pu être utilisés comme des fortifiants, des vitamines, B et C, ou la caféine. Des stimulants psychiques comme les amphétamines ou l'ecstasy ont été testés, mais les résultats sont très inconstants et les « retombées » peuvent être graves car elles donnent une dépendance et peuvent entraîner une dépression en contrecoup de l'excitation qui leur est propre.

Ce n'est que depuis quelques années que sont apparus de réels médicaments sexo-actifs qui permettent d'aider les hommes, et bientôt des femmes, en difficulté sexuelle, là où aucun secours n'existait auparavant. Ce sont d'abord les médicaments alpha-bloquants pour certaines difficultés de l'érection, les hormones masculines, la testostérone, lorsqu'il existe un déficit, des antidépresseurs et une prise en charge psychothérapique pour les troubles du désir. Ce sont enfin des médicaments, agissant spécifiquement sur les difficultés de l'érection, médicaments qui ont profondément changé la vie des hommes en difficultés érectiles. (Ils sont tout de même 30 à 50 % dans la tranche d'âge quarante-cinq-soixante-cinq ans.) Ces médicaments, alliés à des prises en charge sexologiques, permettent une nouvelle intimité à des couples qui n'en avaient plus.

Cette innovation thérapeutique ouvre un marché pharmaceutique nouveau, celui du sexe, pour l'homme mais aussi pour la femme. Le progrès est incontestable, car il permet d'aider de très nombreux hommes pour qui il n'existait pas de solution auparavant. Il en sera de même pour les femmes en difficulté sexuelle d'ici quelques années. Il ne faudrait cependant pas faire l'économie d'une interrogation sur soi et sur le couple, c'est-à-dire sur la dimension humaine de la sexualité, qui est autant amour et désir que biologie.

Le couple longue durée

Suprême difficulté mais rêve de tous les amoureux, *le couple longue durée* est le fruit d'ingrédients dont il faut respecter l'ordre de mise en bouche : une bonne maturité mutuelle, pas trop de névrose ni de traits de personnalité trop accusés, une pointe d'érotisme, des passions communes, une bonne communication et une remise en cause régulière pour adapter le couple à l'évolution de la vie.

Le couple longue durée existe, c'est le produit de l'aspiration occidentale à vivre l'état amoureux permanent et de la récente augmentation de la durée de la vie. Toutefois, plus de cinquante ans ensemble pour un couple formé jeune nécessite d'inventer des formes successives de « bonheur » à deux. Elles doivent alors correspondre à l'évolution du désir de vie de chacun. Et là, aucune règle. Certains couples seront issus de la première rencontre, d'autres seront l'aboutissement de nombreuses expériences. La différence, à terme, tient à l'absence de séparation à l'issue des différentes crises qui ne manquent pas de se produire : à la fin de la phase passionnelle, dans la deuxième année, à la naissance du premier enfant, lors d'un déménagement... La différence avec les couples qui se séparent tient certainement aux facteurs d'équilibre qui maintiennent l'excitation et le désir entre les deux conjoints. Elle est due également aux systèmes de dédramatisation et de réconciliation qui jouent un rôle tampon dans la vie du couple.

Oui, le couple longue durée existe. C'est même l'aspiration de la plupart de nos contemporains, mais il doit être construit et régulièrement réinventé à deux, pour une liberté et une entente mutuelles.

NOTES

Prélude

1. Ph. Brenot, *Les Médecins de l'amour*, Paris, Zulma, 1998.

2. Ph. Brenot, *Impuissance masculine, perspectives historiques*, Bordeaux, L'Esprit du Temps, 1994, p. 124.

3. Ph. Brenot, *La Sexologie*, Paris, PUF, 1994, p. 56.

Chapitre 1 – Mythologies

1. Ph. Brenot, « Homo surnaturalis », *Topique*, 2000, 73, p. 30.

2. J. Hérouard, *Journal*, Paris, Fayard, 1985, 2 vol.

3. A. Baschet, *Le Roi chez la Reine ou histoire secrète du mariage de Louis XIII*, Paris, Plon, 1866, p. 365.

4. S. Freud, *Trois Essais sur la théorie de la sexualité* (1905), Paris, Gallimard, 1962, p. 5. C'est l'ouvrage essentiel de Freud sur la sexualité, dans lequel il expose la séquence des phases du développement libidinal (phases orale, anale, génitale, phallique), la sexualité infantile, les transformations de la puberté et les « déviations » sexuelles.

5. A. Kinsey *et al.*, *Sexual Behavior in the Human Male* (1948) ; A. Kinsey *et al.*, *Sexual Behavior in the Human Female* (1953). Ces deux rapports sur la sexualité des hommes et celle des femmes ont marqué les États-Unis et l'Europe : pour la première fois était révélé à l'Occident un « état des lieux » des comportements sexuels. Ce travail par questionnaires, entretiens et observations sur 12 000 hommes et 5 900 femmes a permis de déculpabiliser les comportements intimes et d'ouvrir la voie de la sexologie moderne.

6. E. Borneman cité par W. Masters, V. Johnson et R. Kolodny, *in Amour et sexualité*, Paris, InterÉditions, 1987, p. 129.

7. A. Kinsey, *Sexual Behavior in the Human Male* (1948). C'est un aspect peu connu du rapport Kinsey sur la sexualité des hommes, mais qui constitue une partie importante de ce rapport dans lequel il consacre

plus de cent pages à la sexualité de l'enfant de 0 à 15 ans. Il détaille notamment son observation de 77 enfants de moins de 5 ans.

8. *Ibid.*, p. 244.

9. S. Freud, *Trois Essais*, *op. cit.*

10. B. Broussin et Ph. Brenot, « Existe-t-il une sexualité du fœtus ? », *Médecine fœtale et échographie en gynécologie*, 1994, 19, p. 23-25. Cette observation qui rapporte l'érection d'un fœtus de 27 semaines et l'observation de fréquents comportements à destinée génitale a surpris par sa nouveauté. Les échographistes parlent peu du sexe ou ne le publient pas !

11. S. Freud, *Trois Essais*, *op. cit.*, p. 150.

12. A. Kinsey, *Sexual Behavior in the Human Male, op. cit.*, p. 243.

13. C.S. Ford et F.A. Beach, *Les Comportements sexuels*, Paris, Robert Laffont, 1970. Cette étude est presque unique dans le champ de la description et de la comparaison des comportements sexuels à travers les cultures humaines.

14. R. Goldman et J. Goldman, *Children Sexual Thinking*, Boston, Routledge and Kegan, 1982.

15. J. Money, *Love and Love Sickness*, Baltimore, Johns Hopkins University Press, 1980.

16. M. Proust, *Du côté de chez Swann*, Paris, Gallimard, p. 12.

17. Ph. Brenot, *L'Éducation sexuelle*, Paris, PUF, 1996.

18. Ph. Brenot, *Les Mots du sexe*, Bordeaux, L'Esprit du Temps, 2002, p. 155.

19. D. Elia et J. Waynberg, *Guide pratique de la vie du couple,* Paris, Filipacchi, 1984, p. 264.

20. A. Paré, *Dix livres de chirurgie*, Lyon, Pierre Valfray, 1685.

21. W. Masters et V. Johnson, *Human Sexual Response*, 1966, et *Les Réactions sexuelles*, Paris, Robert Laffont, 1968. Ce livre rapporte les résultats remarquables de la seule grande étude physio-éthologique du coït humain, réalisée par William Masters et Virginia Jonhson sur 382 femmes et 312 hommes au cours de l'observation de 10 000 coïts. Cette étude montre la spécificité des réponses sexuelles, masculines et féminines, et décrit très précisément cette physiologie sexuelle.

22. S. Freud, *Trois Essais*, *op. cit.*, p. 129.

23. K. Horney, *La Psychologie de la femme*, Paris, Payot, 1969.

24. Ph. Brenot, *Inventer le couple*, Paris, Odile Jacob, 2001, p. 16.

25. Ph. Brenot, *Les Mots du sexe*, *op. cit.*, p. 231.

26. J. Waynberg, *Le Dico de l'amour*, Toulouse, Milan, 1999, p. 118.

27. Lévitique 20, 13.

28. R. von Krafft-Ebing, *Psychopathia sexualis*, *Eine Klinisch forensische Studie*, Stuttgart, F. Enke, 1886 et Paris, Payot, 1969.

29. S. Freud, *Trois Essais*, *op. cit.*, p. 19-30.

30. « Petit glossaire masturbatoire », *in* Ph. Brenot, *Éloge de la masturbation*, Zulma, 1997, p. 113-125. Ce petit glossaire est l'inventaire non exhaustif des dérivés et qualificatifs de la masturbation relevés dans plus d'une centaine d'ouvrages traitant de cette « odieuse perversion ». Il ne contient pas moins de huit cents synonymes du mot *masturbation* !

31. Genèse 9, 7.

32. Ph. Brenot, *Éloge de la masturbation*, *op. cit.*

33. M. Bonaparte, *La Sexualité de la femme*, Paris, PUF, 1967, p. 3.

34. *Ibid.*, p. 9.

35. *Ibid.*, p. 128.

36. A. E. Narjani, « Considérations sur les causes anatomiques de la frigidité chez la femme », *Bruxelles médical*, 27-4 1924. La question de l'opération de Marie Bonaparte reste encore un sujet tabou pour la psychanalyse. Dans son *Histoire de la psychanalyse en France* (Seuil, 1986), Élizabeth Roudinesco parle des comportements extravagants de Marie Bonaparte, notamment de son obsession à comprendre la frigidité, mais nulle part elle ne mentionne ses opérations du clitoris, pourtant vérifiées et attestées par sa biographe, Célia Bertin, dans *La Dernière Bonaparte* (Perrin, 1982).

37. M. Bonnard et M. Schouman, *Histoires du pénis*, Paris, Le Rocher, p. 154.

38. Ph. Brenot, *Les Mots du sexe*, *op. cit.*, p. 224.

39. A. Spira, *Les Comportements sexuels en France*, Paris, La Documentation française, 1993, p. 243.

40. P. Guiraud, *Dictionnaire historique, stylistique, rhétorique, étymologique de la littérature érotique*, Paris, Payot, 1978.

41. A. Spira, *op. cit.*, p. 185-186.

42. Ph. Brenot, *Inventer le couple, op. cit.*, p. 136-137.

Chapitre 2 – Le sexe et l'amour

1. M. Schwob, *De l'amour plein la tête ou la biologie de l'amour*, Paris, Hachette, 1984, p. 99.

2. A. Spira, *op. cit.*, p. 164, p. 198. Enquête réalisée sous la responsabilité de l'Inserm sur 20 000 personnes en France, en 1992, à la demande du ministère de la Santé. Le nombre de partenaires sur la vie entière est très différent entre hommes et femmes quelle que soit la tranche d'âge considérée : par exemple pour les 65-69 ans (9,7 pour les hommes, 1,8 pour les femmes), pour les 50-54 ans (12,3 pour les hommes, 4,9 pour les femmes) ou les 18-19 ans (4,5 pour les hommes, 1,5 pour les femmes).

3. Ph. Brenot, *Inventer le couple*, *op. cit.*, p. 55.

4. M. Schwob, *op. cit.*, p. 101.

5. Ph. Brenot, *L'Éducation sexuelle*, *op. cit.* p. 88.

6. D. Morris, *Magie du corps*, Paris, Grasset, 1986.

7. W. Masters et V. Johnson, *op. cit.*, p. 199.

8. *Ibid.*, p. 60.

9. *Ibid.*, p. 65.

10. J. Laplanche et J.-B. Pontalis, *Vocabulaire de la psychanalyse*, Paris, PUF, 1967, p. 152.

11. On peut mentionner le travail sur les fantasmes de Masters, Johnson et Kolodny (*op. cit.*, p. 261-279) et celui de Claude Crépault : Cl. Crépault, *L'Imaginaire érotique et ses secrets*, Québec Press. Un., 1982.

12. K. Horney, *La Psychologie de la femme*, *op. cit.*

13. 14. A. Kinsey, *op. cit.*

14. Cl. Crépault, G. Abraham, R. Porto et M. Couture, « L'imaginaire érotique de la femme », *Cahiers de sexologie clinique*, 1978, 23, p. 455.

15. Ph. Brenot, *La Relaxation*, Paris, PUF, « Que sais-je ? », 1998, p. 80.
16. B. Hariton, « Les fantasmes féminins », *Cahiers de sexologie clinique*, 1977, 17, p. 13.
17. Cl. Crépault et coll., *op. cit.*, p. 455.
18. Cl. Gellman-Barroux et R. Gellman, « Fantasmes et sexualité », *in Le Fantasme*, Tours, La Louvière, 1992, p. 187-218.
19. *Ibid.*, p. 208.
20. A. Spira, *Les Comportements sexuels en France*, Paris, La Documentation française, 1993, p. 201.
21. *Ibid.*, p. 200.
22. G. Bastin, *Dictionnaire de psychologie sexuelle*, Bruxelles, Desart, 1970, p. 33.
23. J. Waynberg, *Le Dico de l'amour*, *op. cit.*, p. 35.
24. A. Spira, *op. cit.*, p. 143.
25. Ph. Brenot, *De la lettre d'amour*, Paris, Zulma, 2000.
26. A. Comte-Sponville, *in Qu'est-ce que l'amour ?*, Bordeaux, L'Esprit du Temps, 2001, p. 7.
27. A. Spira, *op. cit.*, p. 145.
28. W. Masters, V. Johnson et R. Kolodny, *op. cit.*, p. 225.
29. Ph. Brenot, *Inventer le couple*, *op. cit.*, p. 95.
30. Ph. Brenot, *De la lettre d'amour*, *op. cit.*
31. M. Sorgue, *Lettres à l'amant*, Paris, A. Michel, 1984.

Chapitre 3 – La sexualité féminine

1. Ph. Brenot, *Les Mots du sexe*, *op. cit.*, p. 70.
2. M. Bonaparte, *La Sexualité de la femme*, *op. cit.*, p. 48.
3. D. Morris, *Magie du corps*, *op. cit.*
4. K. Horney, *La Psychologie de la femme*, *op. cit.*
5. E. Jones, *Théorie et pratique de la psychanalyse*, Londres, 1948 et Paris, Payot, 1969.
6. L. Irigaray, *Ce sexe qui n'en est pas un*, Paris, Minuit, 1977.
7. S. Képès et Ph. Brenot, *Relaxation et Sexualité*, Paris, Odile Jacob, 1998.
8. J.-J. Virey, article « Polygamie », *in Dictionnaire de la conversation et de la lecture*, Paris, Belin-Mandar, 1838, tome XLIV, p. 364.
9. M. Schwob, *De l'amour plein la tête ou la biologie de l'amour*, *op. cit.*, p. 106.
10. F. Giroud, *Mon très cher amour...*, Paris, Grasset, 1994, p. 27.
11. F. Roubaud *in* Ph. Brenot, *La Sexologie*, Paris, PUF, 1994, p. 8. Félix Roubaud nous fait une magnifique description de la physiologie de l'orgasme, en 1855, dans son *Traité de l'impuissance et de la stérilité chez l'homme et chez la femme*. C'est la première description scientifique du coït, qui sera remarquée par Kinsey comme un texte précurseur.
12. E. Arsan, *Emmanuelle*, Paris, Belfond, 1978.
13. Ph. Brenot, *Éloge de la masturbation*, *op. cit.*, p. 100.
14. A. Spira, *op. cit.*, p. 128.
15. D. Elia et J. Waynberg, *Guide pratique de la vie du couple*, *op. cit.*, p. 307.

16. W. Masters et V. Johnson, *Les Réactions sexuelles*, *op. cit.*, p. 21.
17. *Ibid.*, p. 213.
18. D. Morris, *Magie du corps*, *op. cit.*
19. W. Masters et V. Johnson, *op. cit.*, p. 95.
20. W. Masters, V. Johson et R. Kolodny, *Amour et sexualité*, *op. cit.*, p. 78.
21. San Antonio, *Fais-moi des choses*, Paris, Fleuve Noir, 1982.
22. W. Masters, V. Johnson et R. Kolodny, *op. cit.*, p. 78.
23. Palladas d'Alexandrie, *Antholoie Palatine*, I, 72.
24. Spinoza, *Éthique*, IV.
25. G. L. Leclerc, comte de Buffon, *De l'homme*, Paris, 1749.
26. C. D. Waterman et E. J. Chianzzi, « The role of orgasm in male and female sexual enjoyment », *Journal of Sex Research*, 1982, 18, p. 146-159.
27. W. Masters, V. Johnson et R. Kolodny, *op. cit.*, p. 69.
28. D. Elia et J. Waynberg, *op. cit.*, p. 194.
29. S. Freud, « Quelques conséquences psychologiques de la différence anatomique entre les sexes », *in La Vie sexuelle*, Paris, PUF, 1969, p. 129.
30. W. Masters et V. Johnson, *Les Réactions sexuelles*, *op. cit.*
31. G. Zwang, *Le Sexe de la femme*, Paris, Jean-Jacques Pauvert, 1987, p. 44.
32. *Ibid.*, p. 47.
33. D. Elia et J. Waynberg, *op. cit.*, p. 182.
34. A.K. Ladas, B. Whipple et J.D. Perry, *Le point G et autres découvertes récentes sur la sexualité humaine,* Paris, Laffont, 1982.
35. F. Alberoni, *op. cit.*, p. 20.
36. A. Spira, *op. cit.*, p. 194-195.
37. W. Masters, V. Johnson et R. Kolodny, *op. cit.*, p. 314.
38. B. de Rachewiltz, *Éros noir,* Paris, Jean-Jacques Pauvert, 1993, p. 230.
39. Les *Kama Sutra*, traduit par Jean Papin, Paris, Zulma, 2001.
40. L'*Anangaranga*, traduit par Jean Papin, Paris, Zulma, 1993, p. 115.
41. A. Delvau, *Dictionnaire de la langue verte*, Paris, 1867.
42. M. Zaviacic, T. Zaviacic, R.J. Ablini, J. Bréza et K. Holoman, « la prostate féminine : historique, morphologie fonctionnelle et implication en sexologie », *Sexologies*, 2002, 11-39, 53-60.

Chapitre 4 – La sexualité masculine

1. A. Perbosc, *Contes licencieux de l'Aquitaine*, 1907, et Carcassonne, Garae, 1984.
2. B. de Rachewiltz, *op. cit.*, p. 130.
3. J. Kelen, *L'Éternel masculin*, Paris, Laffont, 1994, p. 14.
4. B. de Rachewiltz, *op. cit.*, p. 230.
5. A. Spira, *op. cit.*, p. 128 et p. 158.
6. G. Flaubert, *Dictionnaire des idées reçues*, Bordeaux, Le Castor astral, 1982.

7. M. Masters et V. Johnson, *Les Réactions sexuelles*, *op. cit.*, p. 213-214.

8. Goldstein en 1982, puis Jevtich (1990) et Wespès (1991) en analysant la microstructure du corps érectile, montrent qu'elle est faite pour moitié de fibres musculaires lisses commandées par les systèmes ortho- et para-sympathiques.

9. J. Pic de La Mirandole, cité par J. Kelen, *in L'Éternel masculin*, *op. cit.*, p. 10.

10. Ph. Brenot, *Les Mots du sexe*, *op. cit.*, p. 209.

11. A. Kinsey, *Le Comportement sexuel de l'homme*, Paris, Éd. du Pavois, 1948, p. 731.

12. H. S. Kaplan, *L'Éjaculation précoce*, Québec, Guy Saint Jean, 1994.

13. W. Stekel, *L'Homme impuissant*, Paris, Gallimard, 1950, p. 95.

14. Genèse, 38.

15. Ph. Brenot, *L'Éducation sexuelle*, *op. cit.*, p. 119.

16. *Ibid.*, p. 120.

17. C. D. Waterman et E. J. Chianzzi, « The role of orgasm in male and female sexual enjoyment », *Journal of Sex Research*, 1982, 18, p. 146-159.

18. Ph. Brenot, H. Etcheverry, N. Grafeille et J. Tignol, *Troubles de la sexualité du sujet âgé et conjugopathies in Traité de psycho-gériatrie*, sous la dir. de J.-M. Léger, Paris, Flammarion, 1998.

19. R. Gary, *Au-delà de cette limite votre ticket n'est plus valable*, Paris, Gallimard, 1975.

Chapitre 5 – Le jeu de l'amour

1. Ovide, *L'Art d'aimer*, Paris, Les Belles Lettres, 1929.

2. Marivaux, *Le Paysan parvenu*, Paris, Garnier, 1959 et Gallimard, « Folio », 1981.

3. P. Guiraud, *Dictionnaire historique, stylistique, rhétorique, étymologique, de la littérature érotique*, Paris, Payot, 1978.

4. A. Spira, *op. cit.*, p. 186.

5. Ph. Brenot, *La Relaxation*, *op. cit.*, p. 80.

6. *Ibid.*, p. 122.

7. G. Bataille, « L'histoire de l'érotisme », *in Œuvres complètes*, Paris, Gallimard, 1976, VIII, p. 102.

8. W. Masters et V. Johnson, *Les Réactions sexuelles*, *op. cit.*, p. 90.

9. A. Spira, *op. cit.*, p. 128.

10. *Ibid.*, p. 158.

11. J. Lacan, « Radiophonie », *Scilicet*, 1970, 2-3, p. 65.

12. A. Spira, *op. cit.*, p. 195.

13. W. Pasini, *Éloge de l'intimité*, Paris, Payot, 1991, p. 177.

14. Ph. Brenot, *Inventer le couple*, *op. cit.*, p. 105.

15. *Ibid.*, p. 155.

16. *Ibid.*, p. 197.

17. Ph. Brenot, *Les Mots du sexe*, *op. cit.*, p. 187.

BIBLIOGRAPHIE

ABRAHAM, G. et PASINI, W., *Introduction à la sexologie médicale*, Paris, Payot, 1974.

ALBERONI, F., *Le choc amoureux : recherches sur l'état naissant de l'amour*, Paris, Ramsay, 1981.

ALBERONI, F., *Le Vol nuptial*, Paris, Plon, 1995.

ALLGEIER, A.R., et ALLGEIER, E.R., *La Sexualité humaine*, Bruxelles, De Boeck, 1992.

BADINTER, E., *XY, de l'identité masculine*, Paris, Odile Jacob, 1992.

BASTIN, G., *Dictionnaire de la psychologie sexuelle*, Bruxelles, Dessart, 1970.

BRENOT, Ph., *Les Mots du sexe*, Paris, Bordeaux, L'Esprit du Temps, 1992.

BRENOT, Ph., *La Sexologie*, Paris, PUF, coll. « Que sais-je ? », 1994.

BRENOT, Ph., *L'Éducation sexuelle*, Paris, PUF, coll. « Que sais-je ? », 1996.

BRENOT, Ph., *Éloge de la masturbation*, Toulouse, Zulma, 1997.

BRENOT, Ph., *Inventer le couple*, Paris, Odile Jacob, 2001.

CYRULNIK, B., *Les Nourritures affectives*, Paris, Odile Jacob, 1993.

CYRULNIK, B., *Sous le signe du lien*, Paris, Hachette, 1989.

DUBY, G., *Le chevalier, la femme et le prêtre. Le mariage dans la France féodale*, Paris, Hachette, 1999.

ELIA, D., et WAYNBERG, J., *Guide pratique de la vie du couple*, Paris, Filipacchi, 1984.

FORD, C.S., BEACH, F.A., *Patterns of Sexual Behavior*, 1951 et *Les Comportements sexuels*, Paris, Robert Laffont, 1970.

FOUCAULT, M., *Histoire de la sexualité*, Paris, Gallimard, 3 vol., 1976 à 1984.

FREUD, S., *Trois Essais sur la théorie de la sexualité*, (1905), Paris, Gallimard, 1949.

FREUD, S., *La Vie sexuelle*, Paris, PUF, 1969.

GIAMI, A., PIETRI, L., *Les Traitements de l'impuissance*, Paris, La Documentation française, 1999.

HITE, S., *The Hite Report*, New York, Mac Millan, 1976 et *Le Rapport Hite*, Paris, Laffont, 1977.

JASPARD, M., *La Sexualité en France*, Paris, La Découverte, 1997.

KAPLAN, H.S., *The New Sex Therapies*, New York, Brunner-Mazel, 1974 et *La Nouvelle Thérapie sexuelle*, Paris, Buchet Chastel, 1979.

KAUFMANN, J.-C., *La Femme seule et le prince charmant*, Paris, Nathan, 1999.

KELEN, J., *L'éternel masculin. Traité de chevalerie à l'usage des hommes d'aujourd'hui*, Paris, Robert Laffont, 1994.

KÉPÈS, S., BRENOT, Ph., *Relaxation et Sexualité*, Paris, Odile Jacob, 1998.

KINSEY, A.C., POMEROY, W.B., MARTIN, C.E., *Sexual Behavior in the Human Male*, Philadelphia, W.B., Saunders, 1948 et *Le Comportement sexuel de l'homme*, Paris, Éd. du Pavois, 1948.

KINSEY, A.C., POMEROY, W.B., MARTIN C.E., GEBBARD, P.H., *Sexual Behavior in Human Female*, Philadelphia, W.B. Saunders, 1953 et *Le Comportement sexuel de la femme*, Paris, Amiot-Durant, 1954.

LEADER, D., *La Promesse des amants*, Paris, Odile Jacob, 1999.

LO PICCOLO, J., LO PICCOLO, L. (sous la dir.), *Handbook of Sex Therapy*, New York, Plenum, 1978.

MASTERS, W.H. JOHNSON, V.E., *Human Sexual Response*, Boston, Little Brown and Co., 1966 et *Les Réactions sexuelles*, Paris, Laffont, 1968.

MASTERS, W.H., JOHNSON, V.E., *Human Sexual Inadequacy*, Boston, Little Brown and Co., 1970 et *Les Mésententes sexuelles et leur traitement*, Paris, Laffont, 1971.

MASTERS, W.H., JOHNSON, V.E., KOLODNY, R., *Amour et sexualité*, Paris, InterÉditions, 1987.

MORRIS, D., *Intimate Behavior*, Londres, 1971, Paris, Grasset, 1972.

MORRIS, D., *Le Singe nu*, Paris, Grasset, 1968.

MOSSUZ-LAVAU, J., *La vie sexuelle en France*, Paris, La Martinière, 2002.

NARDONE, G., WATZLAWICZ, P., *L'Art du changement*, Bordeaux, L'Esprit du Temps, 1993.

NEUBURGER, R., *Les Territoires de l'intime*, Paris, Odile Jacob, 2000.

ONFRAY, M., *Théorie du corps amoureux. Pour une érotique solaire*, Paris, Grasset, 2000.

PASINI, W., *Éloge de l'intimité*, Paris, Payot, 1991.

PASINI, W., *La Force du désir*, Paris, Odile Jacob, 1999.

PIERRAT, E., *Le Sexe et la Loi*, Paris, Arléa, 1996.

RACHEWILTZ, B. de, *Éros noir, mœurs sexuelles de l'Afrique noire de la préhistoire à nos jours*, Paris, Le Terrain vague, 1993.

SCHWOB, M., *De l'amour plein la tête ou la biologie de l'amour*, Paris, Hachette, 1984.

SPIRA, A., BAJOS, N., *Les Comportements sexuels en France*, Paris, La Documentation française, 1993.

THÉRY, I., *Le démariage. Justice et vie privée*, Paris, Odile Jacob, 1993.

WATZLAWICZ, P., *Le Langage du changement*, Paris, Le Seuil, 1980.

WAYNBERG, J., *Le Dico de l'amour et des pratiques sexuelles*, Toulouse, Milan, 1999.

YHUEL, I., *Quand les femmes rompent*, Paris, Lattès, 1999.

TABLE

CET OUVRAGE A ÉTÉ COMPOSÉ
ET MIS EN PAGE CHEZ COMPO 2000
ET ACHEVÉ D'IMPRIMER SUR ROTO-PAGE
PAR L'IMPRIMERIE FLOCH À MAYENNE
EN JANVIER 2003

N° d'impression : 56272.
N° d'édition : 7381-1233-X.
Dépôt légal : février 2003.
Imprimé en France.